了解新四板、挂牌新四板、投资新四板的图解工具书

直通新四板

新四板操作实务全图解

敖冬阳 齐巍 秦仁杰·著

中国经济出版社
CHINA ECONOMIC PUBLISHING HOUSE

·北京·

图书在版编目（CIP）数据

直通新四板：新四板操作实务全图解 / 敖冬阳，齐巍，秦仁杰著.
北京：中国经济出版社，2016.8
ISBN 978-7-5136-4293-4

Ⅰ.①直… Ⅱ.①敖… ②齐… ③秦… Ⅲ.①股权转让—证券市场—中国—图解 Ⅳ.①F832.51-64

中国版本图书馆 CIP 数据核字（2016）第 162248 号

责任编辑　牛慧珍
责任审读　贺　静
责任印制　马小宾
封面设计　任燕飞

出版发行　中国经济出版社
印 刷 者　北京科信印刷有限公司
经 销 者　各地新华书店
开　　本　710mm×1000mm　1/16
印　　张　12.5
字　　数　170 千字
版　　次　2016 年 8 月第 1 版
印　　次　2016 年 8 月第 1 次
定　　价　48.00 元
广告经营许可证　京西工商广字第 8179 号

中国经济出版社 网址 www.economyph.com 社址 北京市西城区百万庄北街 3 号 邮编 100037
本版图书如存在印装质量问题，请与本社发行中心联系调换（联系电话：010-68330607）

版权所有　盗版必究（举报电话：010-68355416　010-68319282）
国家版权局反盗版举报中心（举报电话：12390）　　服务热线：010-88386794

推荐序

我们国家的资本市场经过 20 多年的发展，到今天交易所市场已基本形成，并完成了自己在市场建设阶段的历史使命。未来，我国资本市场面临的将是改进完善交易所市场制度和开创建设场外资本市场体系的双重任务。

如果我们站在 20 多年后的角度看现在的市场，其实不用说 20 多年，即使站在未来 10 年看现在，寻找 10 年后的最牛公司并进行股权投资，一定是面向未来的最佳布局。为此，我们要特别关注股权市场的发展——股权投资者可能成为未来的最大赢家。

首先，在宏观经济发展速度减缓的环境下，股权投资是布局未来的最佳方式。

孙正义就曾经说过，越是迷茫，越要向远看。1990—2010 年，日本"失落的 20 年"期间，孙正义选择了中国，但不是办企业，也不是投资交易所市场，而是投资马云那个当时令人难以置信的阿里故事。2000 年他以 2000 万美元投资，到 2015 年阿里巴巴纽交所上市市值达到 588 亿美元，涨幅达 2900 倍，一跃成为日本首富。

其次，与传统的交易所买卖股票相比，股权投资有突出的成本优势。

交易所市场的运行机理是把企业在价值上进行标准化股份切割，以供投资买卖股票。投资人交易股票是按照公司的整体价值甚至未来价值进行的。公司上市过程需要大量成本投入，交易股票也必须是按结果全部支付，这两者必然导致极高的成本。但股权的本质是原始股，没有包装，也不需要进行股份切割，更没有公开交易进行边际定价，从而大大降低了成本。

再次，从长远的角度去看，股权投资有非常广阔的发展空间。

中国资本市场发展很快，上海、深圳两个交易所成立至今已有25年多的时间，共有3000家左右的公司在交易所上市。但是，上市公司数量仍然偏少，而且同质化现象十分严重。加上投资者的同步化倾向，经常导致股价暴涨暴跌，绝大多数投资者均以告亏了结。

但在交易所之外，中国有5000多万家中小企业，特别是企业商事注册制度改革之后，每年新增企业近千万，股权投资选择宽广无垠。特别值得一提的是，股权投资实际上是在分享企业家的智慧和成果。企业家是一个国家的最稀缺资源，能够发现普通人看不见的机会并通过组织管理变成财富。如果通过股权投资找到了企业家，我们就能伴随企业家巨人一起成长。

最后我们需要注意的是，与传统投资关注企业收益率和财务状况不同，股权投资的核心要素是团队、机制和行业位次。

团队是投资的第一要素。柯林斯在研究世界500强之后曾提出一个"先人后事"和"第五级经理人"概念。这个概念指出：人，特别是卓越的人是关键。

机制是投资的第二要素。职业经理人的时代已经终结，代之而起的是合伙人制度，否则企业就会失去终极负责人。

位次是投资的第三要素。一个企业是否优秀、能否卓越，不在自身好坏，关键在其细分市场的排序位次，处于中后位的企业收入再高也只是窗口性机会。

令人欣慰的是，我们国家的股权投资市场正在快速发展中。以前海股权交易中心为代表的新四板市场，已经初步构成了股权市场的新型生态。在社会巨变、经济转型的背景之下，我们已经悄悄地进入了一个浩瀚辽阔的股权市场时代。随着"大众创业、万众创新"国家战略的推进，股权市场即将全面爆发能量。

胡继之
深圳前海股权交易中心 董事长

目录

第1章 认识新四板

1.1 从工业时代到信息时代 /3
◎ 股票市场和债券市场 /3
◎ P2P借贷和众筹投资 /5
◎ 新四板市场应运而生 /6

1.2 新四板的发展历程 /7
◎ 2008—2012年：市场萌芽阶段 /7
◎ 2013年：制度规范阶段 /9
◎ 2013年之后：发展提速阶段 /10

1.3 新四板、新三板和资本市场 /13
◎ 多层次的资本市场体系 /13
◎ 我国资本市场的特点 /15
◎ 新三板和新四板的区别 /19
◎ 新四板向主板的转板路径 /20

1.4 新四板的发展前景 /21
◎ 准入门槛进一步降低 /21
◎ 企业数量大量增加 /21
◎ 提供多样化的企业服务 /22
◎ 享受金融政策先行先试 /23

第2章　认识著名的新四板市场

2.1 前海股权交易中心 /27
- ◎ 前海股权交易中心的特点 /27
- ◎ 前海股权交易中心的优势 /29
- ◎ 中心的2个定位 /34
- ◎ 5个中心的定义 /34
- ◎ 前海股权交易中心的发展目标 /36

2.2 厦门两岸股权交易中心 /38
- ◎ 交易中心的建立 /38
- ◎ 交易中心的业务范围 /39
- ◎ 交易中心的发展目标 /40

2.3 北京股权交易中心 /41
- ◎ 聚合中关村企业资源 /41
- ◎ 中心的发展前景和定位 /41
- ◎ 企业服务的三大业务板块 /43
- ◎ 投资者网上交易服务 /45

2.4 上海股权托管交易中心 /48
- ◎ 交易中心提供的服务 /48
- ◎ E板和Q板 /49
- ◎ 对接上海自贸区 /52

2.5 江苏股权交易中心 /53
- ◎ 交易中心的经营范围 /53
- ◎ 交易中心的七大功能 /53
- ◎ 交易中心的七大特点 /55

2.6 广州股权交易中心 /57
- ◎ 交易中心的专业化服务 /57
- ◎ 交易中心的运营原则 /59
- ◎ 结构化投融资模式的探索 /60
- ◎ 发起金融资产交易中心 /61

第3章 新四板挂牌上市的流程

3.1 挂牌需要的条件 /65
- ◎ 标准板挂牌条件 /65
- ◎ 孵化板挂牌条件 /65
- ◎ 海外板挂牌条件 /67

3.2 挂牌需要的资料 /68
- ◎ 标准板需要的资料 /68
- ◎ 孵化板需要的资料 /69
- ◎ 海外板需要的资料 /70

3.3 挂牌上市的流程 /71
- ◎ 在线申请 /71
- ◎ 资料审核 /72
- ◎ 在线支付 /73
- ◎ 展示整理 /75
- ◎ 挂牌成功 /75

第4章 新四板的企业服务

4.1 登记托管服务 /79
- ◎ 登记托管的服务内容 /79
- ◎ 登记托管的好处 /80
- ◎ 登记托管的办理 /82
- ◎ 登记托管的注意事项 /85

4.2 挂牌交易服务 /87
- ◎ 挂牌交易的服务内容 /87
- ◎ 挂牌交易的好处 /88
- ◎ 挂牌交易应满足的条件 /89
- ◎ 挂牌交易的基本步骤 /89
- ◎ 挂牌交易的时间周期 /90

◎ 挂牌交易的费用 /91

◎ 孵化板挂牌的其他规定 /92

4.3 企业展示服务 /93

◎ 授牌仪式展示 /93

◎ 整合传播展示 /94

◎ 企业全景展示 /96

4.4 企业融资服务（北京） /99

◎ 企业在新四板融资的优势 /99

◎ 股权融资和债权融资的区别 /100

◎ 私募股权融资的条件和程序 /103

◎ 私募债权融资的条件和程序 /105

4.5 企业融资服务（前海） /106

◎ 梧桐投融宝 /106

◎ 梧桐私募债 /107

◎ 梧桐股融 E /109

◎ 定制股权融资 /110

◎ 梧桐资金计划 /112

◎ 小贷融资 /112

4.6 连接企业与资本服务 /115

◎ 估值报价服务 /115

◎ 梧桐种子计划 /116

◎ 上市筹划服务 /118

◎ 并购服务 /119

◎ 专项服务 /120

4.7 管理咨询服务 /121

◎ 定制化课程 /121

◎ 品牌全案咨询 /121

◎ VI 系统设计 /123

◎ 股权激励咨询 /123

第5章 新四板的投资功能

5.1 新四板投资者开户 /129
◎ 机构投资者开户 /129
◎ 个人投资者开户 /131

5.2 新四板网上交易系统 /134
◎ 交易系统的名词解释 /134
◎ 登录交易系统 /134
◎ 交易系统的工具栏 /136
◎ 利用交易系统查看行情 /139
◎ 发出买卖委托指令 /140
◎ 协议买入和协议卖出 /143
◎ 查询成交和资金明细 /143
◎ 银行转账 /144

5.3 了解投资产品 /146
◎ 前海海润国际并购基金 /146
◎ 梧桐投融宝理财管理计划 /150
◎ 梧桐私募债 /151
◎ 梧桐股权投资 /153
◎ 梧桐小贷投资 /153

5.4 投资企业的考察和筛选 /155
◎ 考察企业的资质条件 /155
◎ 考察企业的信用等级 /156
◎ 考察企业的主要产品 /157
◎ 考察企业的经营团队 /158
◎ 考察过程中的六个重点 /159

5.5 认识著名的天使投资人 /160

◎ 孙正义：广撒网投资阿里巴巴　/160

◎ 徐小平：深度投资聚美优品　/164

◎ 大卫·切瑞顿：投资谷歌　/167

◎ 蔡文胜：投资美图秀秀和58同城　/170

附录一　《国务院关于清理整顿各类交易场所切实防范金融风险的决定》　/175

附录二　《国务院办公厅关于清理整顿各类交易场所的实施意见》　/178

附录三　《关于规范证券公司参与区域性股权交易市场的指导意见（试行）》　/183

参考资料　/188

第1章
认识新四板

新四板，即区域性股权市场，是为了解决"中小企业多、融资难；社会资金多、投资难"，即"两多两难"问题，由中央允许各地设立的场外资本市场试验。

新四板由地方政府管理，是小微企业非公开发行证券的场所，也是我国多层次资本市场体系的组成部分。

1.1 从工业时代到信息时代

工业时代为我们带来了股票和债券等传统交易方式。自信息革命后，股票和债券分别逐渐演变成草根化的众筹和P2P。为了填补传统投资和草根投资之间的空白区域，新四板市场应运而生。

◎ **股票市场和债券市场**

自18世纪开始的工业革命将我们从农业时代带入工业时代。工业时代中，现代公司制度被逐渐确立起来，股票和债券也成为公司融集资金的两种主要形式。对于公司来说，要想获得更多资金，一方面可以通过发行股票的途径获得，另一方面也可以通过发行债券的方式获得。

股票和债券市场得到空前发展，除了为企业提供融资的渠道外，也成为投资人投资的重要途径。

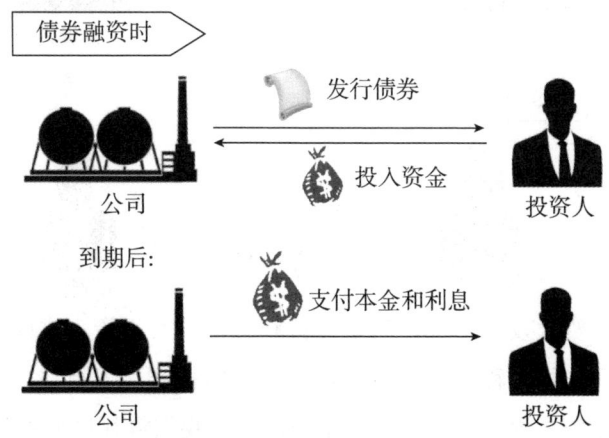

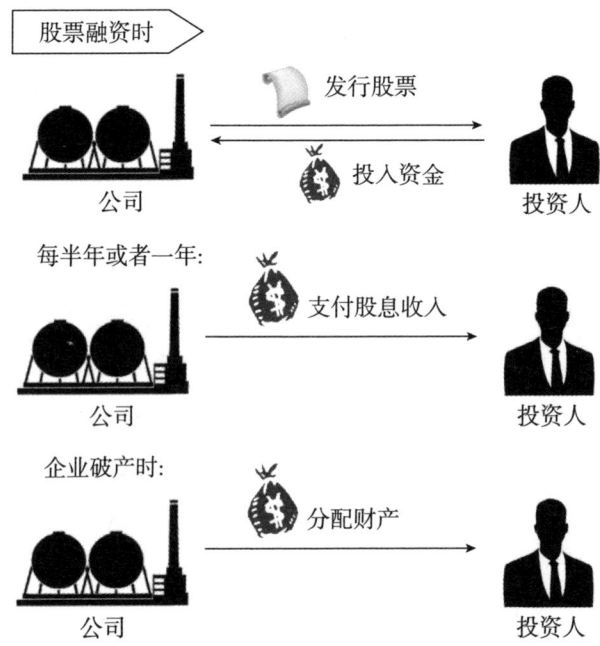

除了以上这种投资人向公司投资、公司支付利息或者股利的交易形式外，不同投资人之间还可以将自己持有的股票和公司债券相互买卖。

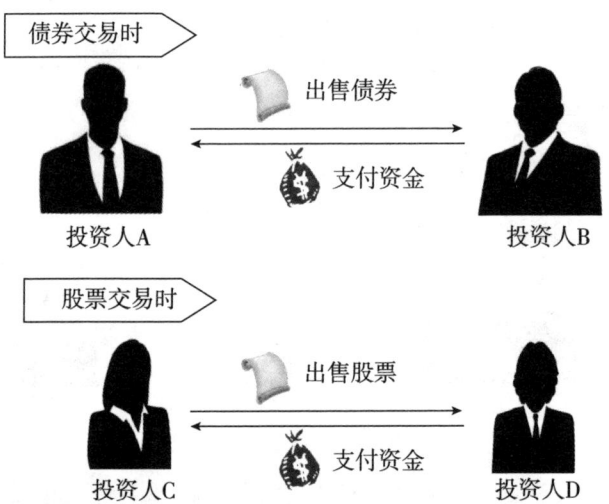

公司向投资人发行债券，到期支付利息，以及投资人之间交易公司债券的市场，我们将其称为公司债市场。公司向投资人发行股票，到期支付红利，以及投资人之间交易公司股票的市场，我们将其称为股票市场。

公司债市场和股票市场，构成了工业时代中整个资本市场的最重要的组成部分。

◎ P2P借贷和众筹投资

20世纪末，以互联网为代表的新兴通信技术的出现，将我们从工业时代带入信息时代。借助互联网通信技术，不仅将传统的公司债和股票交易市场由线下的实体市场搬到了网上，而且还出现了很多互联网新兴的投资方式，P2P借贷和众筹投资就是其中非常典型的两种。

如果我们仔细分析可以发现，P2P和众筹分别可以看作是公司债和股票的草根版应用。如果公司债的发行人变成个人，并且通过网络发行，那么就是P2P。如果个人发起一个项目，到期支付红利，并且项目发起和分红都在网上进行，那么就是众筹。

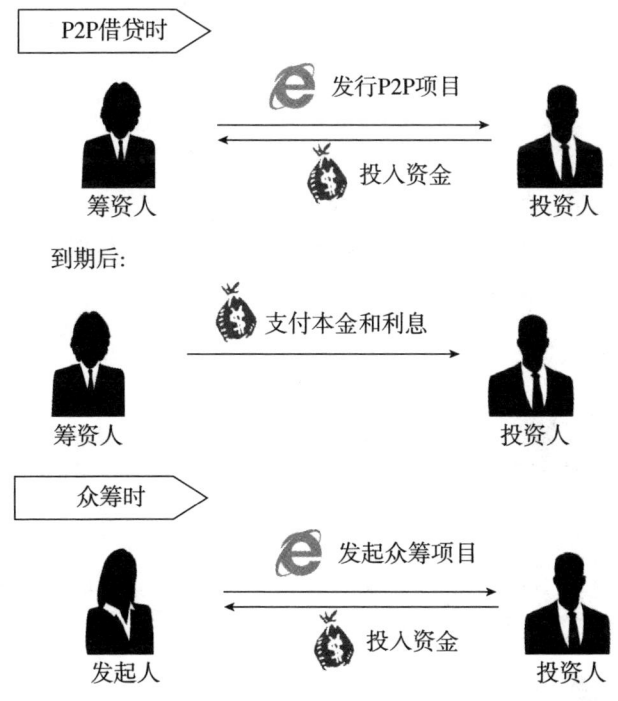

项目运作成功后：

发起人　　　　　　　　　　　　投资人

项目运作失败时：

发起人　　分配剩余资产　　投资人

◎ 新四板市场应运而生

现在，我们有为大中型企业提供融资服务的公司债市场和股票市场，也有为个人融资项目提供服务的P2P和众筹市场。在大中型企业与个人中间，还有一个巨大的群体无法得到融资服务，这就是为数众多的小微企业。

一方面，这些小微企业的资质不足，无法去公司债和股票这样的传统资本市场上融资；另一方面，它们需要的资金量又较多，在P2P和众筹这类市场上的融资又无法满足它们的需要。于是，为了满足这样一个群体的融资需要，新四板市场就应运而生。

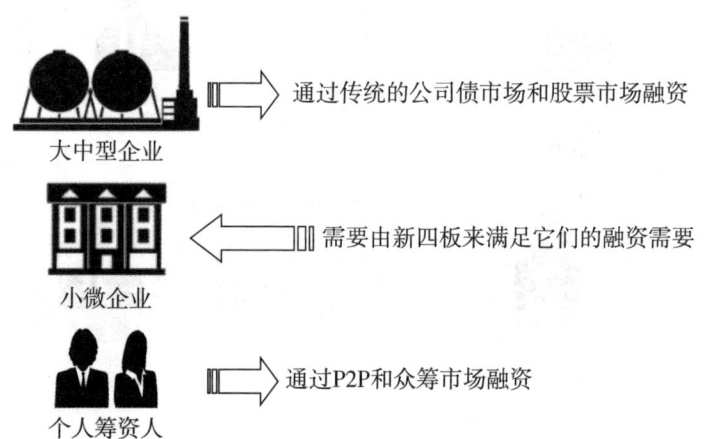

大中型企业　→　通过传统的公司债市场和股票市场融资

小微企业　←　需要由新四板来满足它们的融资需要

个人筹资人　→　通过P2P和众筹市场融资

1.2 新四板的发展历程

我们国家的新四板市场并不是最近几年才开始出现的。早在2008年，我国就已经出现了最早的区域性股权交易市场。之后，经过多年的摸索和发展，2013年新四板市场得到了制度性的规范。以此为转折点，我国的新四板市场进入了高速发展时期。

◎ 2008—2012年：市场萌芽阶段

我国最早的区域性股权交易市场诞生于2008年9月，即天津股权交易所。天津股权交易所发展至今，已经成为我国最重要的区域性股权交易所之一，为之后区域性股权交易市场的建立起到了良好的示范作用。此后，重庆、上海、山东等多个区域市场也先后投入运营。

▼ 2008年9月，天津股权交易所获批建立。
　　　　　　　　　　　挂牌企业303家
　　　　　　　　　（数据截至2013年6月，下同）

▼ 2009年12月，重庆股权转让中心建立。
　　　　　　　　　　　挂牌企业100家

▼ 2010年7月，上海股权托管交易中心建立。
　　　　　　　　　　　挂牌企业65家

- 2010年12月,齐鲁股权托管交易中心建立。 挂牌企业154家
- 2010年12月,湖南股权交易所建立。 挂牌企业6家
- 2011年11月,武汉股权托管交易中心建立。 挂牌企业44家
- 2012年8月,广州股权交易中心建立。 挂牌企业365家
- 2012年9月,浙江股权交易所建立。 挂牌企业84家

在这个阶段,不仅各地的区域性股权交易市场逐步建立起来,一些关于新四板设立的顶层政策也逐步构建起来。

- 2007年5月,中国证监会向国务院上报的《中国多层次证券市场建设方案》获批。

- 2011年至2012年,国务院38号和27号文明确,彻底清理整顿全国各类交易场所,区域股权交易所按照"一省一个"的原则初步订立,并规范券商参股。

- 2012年5月,中国证监会下发了《关于规范区域性股权交易市场的指导意见(征求意见稿)》,从政策层面首次确认中国场外市场包括四个层次:沪深主板为一板,深市创业板为二板,新三板为三板,区域性股权交易市场为四板。

2012年8月底,证券业协会出台《关于规范证券公司参与区域性股权交易市场的指导意见(试行)》,明确了区域市场的定位,规定证券公司以两种方式参与:一是以区域性股权交易市场会员的身份开展相关业务;二是在会员基础上,可入股区域性股权交易市场。

2012年10月初,证券业协会拟定了《证券公司参与区域性股权交易市场管理办法(讨论稿)》,明确了证券公司可参与区域性股权交易市场。

◎ 2013年:制度规范阶段

2013年是我国新四板发展具有转折意义的一年。这一年我国多层次资本市场的制度建设得到了进一步规范,包括新三板、新四板在内的多层次资本市场进一步得到了政策层面的支持。从2013年开始,我国新四板的发展进入了加速的轨道。

2013年制度层面的规范文件主要有以下两个:

第一,在中国证监会发布的2013年证监会设定的十项重点工作中,排在首位的是加快发展多层次资本市场。这意味着多层次市场体系建设将会取得突破性进展,包含主板、中小板、创业板、全国中小企业股份转让系统、区域股权交易市场、券商柜台交易市场在内的完整体系,将基本搭建完毕。

第二,2013年初的《政府工作报告》中,将加快发展多层次资本市场作为我国深化金融体制改革的一项重要工作。

到2013年中,时任证监会主席的肖钢继续强调:加快多层次资本市场体系建设,积极拓展中小微企业融资渠道。至此,新四板作为我国多层次资本市场建设的一部分,已经非常明确。

◎ 2013 年之后：发展提速阶段

得到政策层面的认可后，从 2013 年开始，我国的新四板市场发展进入提速阶段。仅 2013 年上半年，就有辽宁、深圳和佛山分别设立了股权交易中心，其中深圳前海股权交易中心后来居上，以 1355 家挂牌企业规模位居全国区域股权交易市场首位。

2013 年 6 月，全国有区域股权交易市场 11 家。截至 2015 年 6 月，全国的股权交易市场数量已经达到了 31 家。所有省份除了少数几个正在筹建之外，都已经建立了区域性股权交易市场。

序号	名称	开业时间	挂牌/托管企业数（截至 2015 年 6 月）
1	天津股权交易所	2008 年 9 月	挂牌数：494
2	湖南股权交易所	2010 年 12 月	挂牌数：69
3	齐鲁股权交易中心	2010 年 12 月	挂牌数：486 托管数：613
4	贵州股权托管交易中心	2011 年 2 月	暂无数据
5	广西北部湾股权托管交易所	2011 年 4 月	服务企业数：186
6	福建省创新创业企业股权融资与交易市场	2011 年 6 月	暂无数据
7	江西股权交易所	2011 年 6 月	暂无数据
8	武汉股权托管交易中心	2011 年 11 月	挂牌数：494 托管数：721
9	上海股权托管交易中心	2012 年 2 月	E 板挂牌数：431 Q 板挂牌数：5505 托管数：164

续表

序号	名称	开业时间	挂牌/托管企业数
10	广州股权交易中心	2012年8月	挂牌数：1240
11	浙江股权交易中心	2012年9月	挂牌数：1606 托管数：1707
12	重庆股份转让中心	2013年2月	成长板挂牌数：1205 孵化板挂牌数：1101
13	大连股权交易中心	2013年3月	挂牌数：51
14	辽宁股权交易中心	2013年4月	挂牌数：1007 托管数：160
15	前海股权交易中心	2013年5月	挂牌数：6387
16	吉林股权交易所	2013年6月	挂牌数：7
17	海峡股权交易中心	2013年7月	挂牌数：37
18	青海股权交易中心	2013年7月	暂无数据
19	安徽省股权托管交易中心	2013年8月	挂牌数：312 托管数：437
20	山西股权交易中心	2013年9月	挂牌数：1235 托管数：15
21	江苏股权交易中心	2013年9月	成长板挂牌数：125 价值板挂牌数：6
22	石家庄股权交易所	2013年10月	主板挂牌数：84 成长板挂牌数：31 展示板挂牌数：33 托管数：548
23	新疆股权交易中心	2013年10月	挂牌数：527 托管数：95
24	广东金融高新区股权交易中心	2013年10月	挂牌数：47 托管数：47

续表

序号	名称	开业时间	挂牌/托管企业数
25	甘肃股权交易中心	2013年12月	挂牌数：1863 托管数：2215
26	北京股权交易中心	2013年12月	挂牌数：27 托管数：289
27	成都（川藏）股权交易中心	2013年12月	挂牌数：214
28	厦门两岸股权交易中心	2013年12月	挂牌数：1079
29	青岛蓝海股权交易中心	2014年4月	挂牌数：200
30	陕西股权交易中心	2014年5月	挂牌数：358 托管数：102
31	海南股权交易中心	2014年12月	挂牌数：49

注：上述挂牌企业数均来自各区域股权交易市场网站，挂牌标准各异。

1.3 新四板、新三板和资本市场

新四板市场是我们国家多层次资本市场的一个重要组成部分。下面，我们从整个资本市场体系的角度出发，观察我们国家的新四板市场。

◎ **多层次的资本市场体系**

我国资本市场从20世纪90年代发展至今，已经发展成了四个完整的层次，分别是主板（一板，含中小板）、创业板（二板）、全国中小企业股份转让系统（新三板）、区域性股权交易市场（四板，民间多称为"新四板"）。

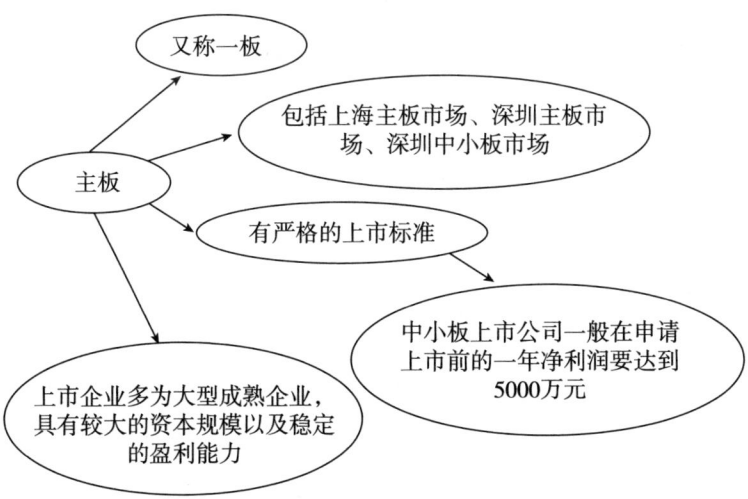

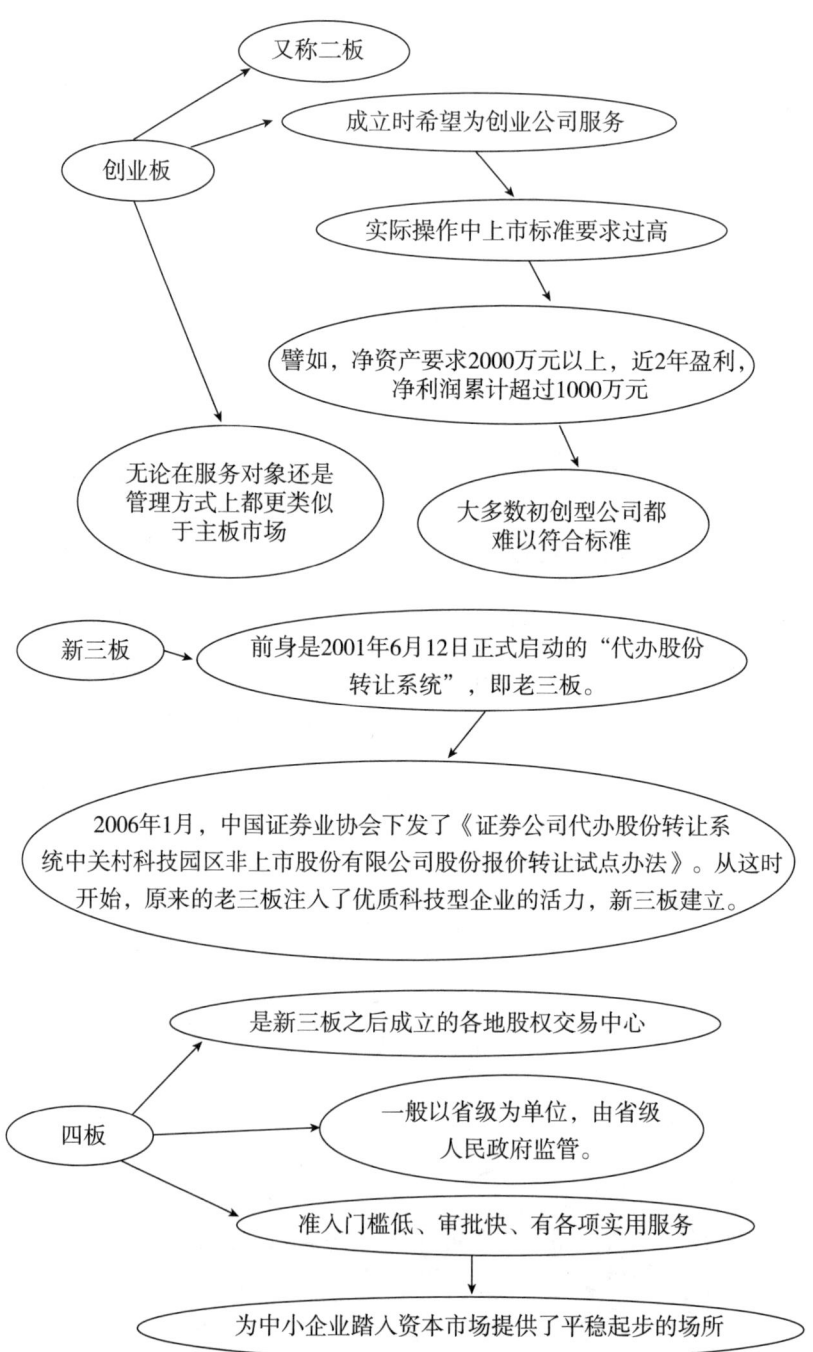

◎ 我国资本市场的特点

我国的资本市场发展至今，虽然已经建立起了一个完整的多层次资本市场体系，但是与国外成熟的资本市场相比，还有很多不合理的地方。

以美国为例，美国的资本市场是世界上规模最大、体系最复杂，同时也是最合理的资本市场。美国的资本市场包括三个层次。

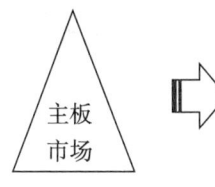

美国的主板市场以纽约证券交易所为核心。

该市场主要交易知名度高的大型上市公司的股票、债券。在该交易所上市的企业一般要求较高，具体表现为公司的成熟性好，有良好的业绩记录和完善的公司治理机制，公司有较长的历史存续性和较好的回报。

从投资者的角度来看，该市场的投资人一般都是风险规避或风险中立者。

美国的二板市场以纳斯达克市场为核心。

纳斯达克市场的上市标准与纽约证券交易所完全不同，更加注重公司的成长性和长期盈利性，在纳斯达克上市的公司普遍具有高科技含量、高风险、高回报、规模小的特征。

在纳斯达克市场上交易的投资人主要是有一定风险承受能力，愿意承担较大风险来追求高收益的投资者。

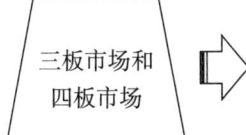

美国的三板市场和四板市场是指遍布各地区的全国性和区域性市场及场外交易市场。其中全国性证券交易所是指美国证券交易所，区域性证券交易所有11家，遍布全国。

在美国证券交易所上市的企业与纽约证交所上市的企业相比，资质略差，不过当企业发展到一定程度时，可以转到纽约交易所上市。

日本和英国的资本市场是仅次于美国的资本市场体系。它们的资本市场体系与美国略有不同，都具备各自的特点。

日本的交易所也是分为三个层次，具体包括：主板市场（全国性交易中心）、二板市场（地区性证券交易中心）和三板市场（场外交易市场）。

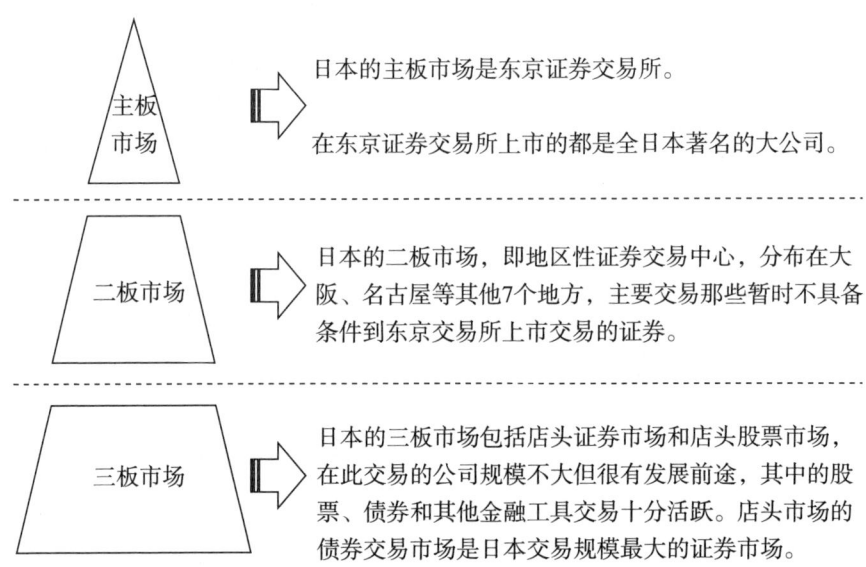

英国的资本市场同样可以分为三个层次，不过具体结构与美国和日本的又有所不同。

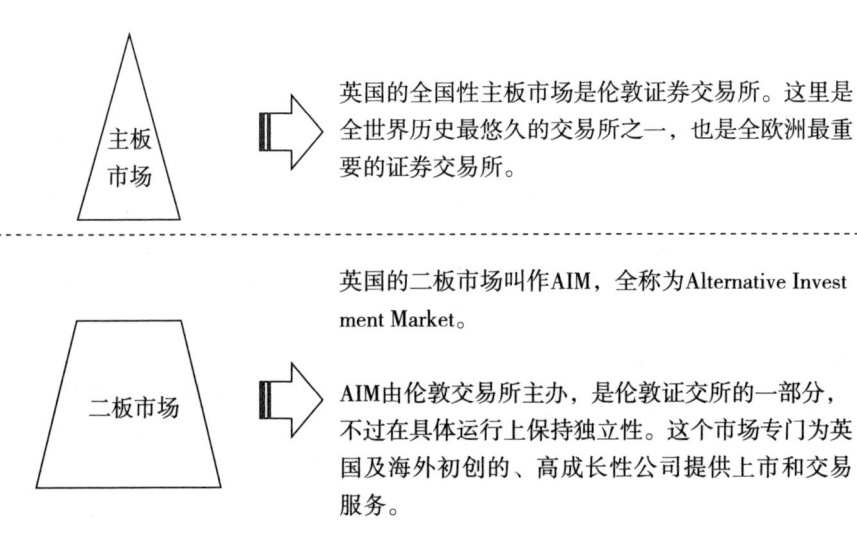

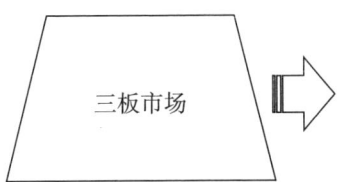

英国的三板市场叫作OFEX，全称为Off-Exchange。

它是由伦敦证券交易所承担做市商职能的JP Jenkins公司创办的，属于非正式市场。主要是为中小型高成长企业进行股权融资服务的市场。

我们也可以将我国的资本市场划分成三个层次，最上端是上海和深圳的主板市场，中间是在深圳证券交易所挂牌的二板市场，底端是新三板和新四板组成的场外市场。

虽然我们国家也有了这样的资本市场体系，不过与美、日、英这些成熟的资本市场相比，我国的资本市场结构还很不完善。

我国的主板市场是以沪深两个交易所为核心的。

交易所在组织体系、上市标准、交易方式和监管结构方面几乎都完全一致。

与发达国家资本市场的主板只为少数最优秀的公司服务不同，我国的主板市场几乎是所有企业上市时的首选，承担了国内绝大多数的融资任务。因此我国资本市场有头重脚轻的特点。

我国的二板市场即创业板市场。

创业板市场在2009年9月17日推出。本意是为中小企业，特别是高新技术企业提供融资服务。

不过到了实际操作的过程中，创业板市场却延续了主板的很多上市规则，上市的"门槛"很高。因此，在创业板上市的仍然多数都是大型企业。真正能达到创业板上市条件的中小企业很少。

| 三板市场和四板市场 | ⇨ | 我国的三板市场是全国代办股份转让系统，四板市场是地域性股权交易所。

这些市场主要由各个政府部门主办，缺乏统一规则且结构层次单一，市场定位不明确，分布也不合理。虽然未来会有非常大的发展空间，不过目前的规模并不是特别大，无法承接我国大量中小企业上市的需求。 |

为了尽快弥补我国资本市场的不足，将其建设成为一个结构完善，能够为各类企业和投资者提供融资交易服务的市场体系，未来几年中，我们国家的资本市场预计将会在以下几个方面做出改变。

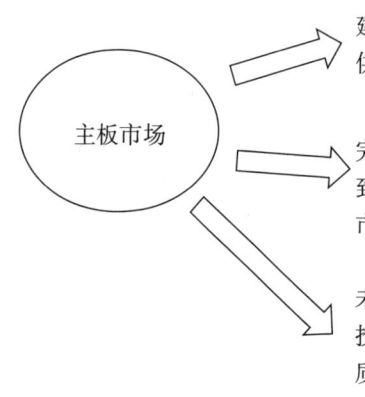

- 建成专门为成熟度高、规模大、利润稳定的公司提供融资服务的精品市场。
- 完善退市机制，让原本已经上市，但现在已经达不到上市要求的公司退出这个市场。这些公司可以退市，也可以转向二板、三板进行交易。
- 未来主要为在三板和四板市场已经上市，并且受到投资者广泛认可的公司提供上市融资服务。杜绝劣质公司通过上市来圈钱的行为。

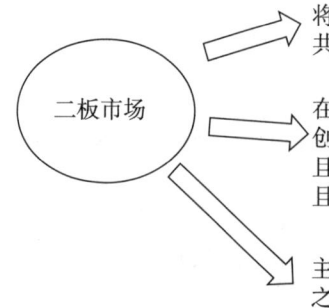

- 将创业板市场作为主板市场的一个补充。二者拥有共同的组织管理系统和交易系统。
- 在上市标准方面，将创业板和主板市场明确区分开。创业板市场的上市标准应该明显低于主板市场，并且对公司所处行业有明确要求，专门为处于创业期且规模较小的公司提供融资服务。
- 主板和二板市场服务的对象有明确区别，因此二者之间不存在转板的关系。

第1章　认识新四板

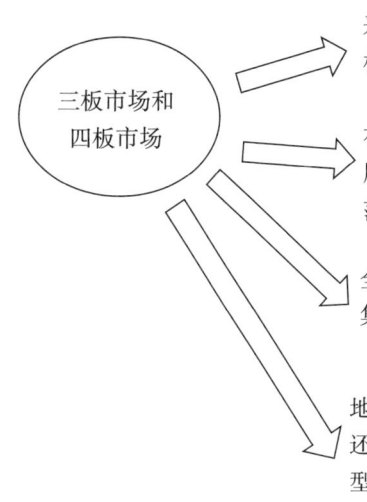

◎ 新三板和新四板的区别

目前，我国新三板市场和新四板市场虽然还处于初创时期，不过这两个市场在服务企业的类型上已经有了明确的不同。新三板的上市门槛要明显高于新四板市场，二者的区别主要表现在以下几个方面。

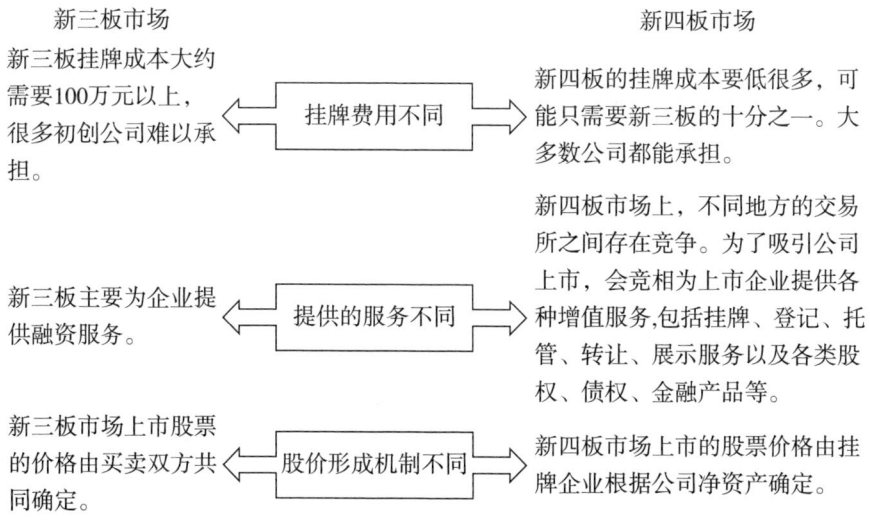

◎ 新四板向主板的转板路径

在我国多层次资本市场中，新四板属于最基层的，为大量中小企业提供上市融资场所的市场。根据规定，国家鼓励符合条件的新四板公司转板到新三板上市，同时也鼓励符合条件的新三板公司转板到主板和创业板上市。这样就为小企业上市提供了一个从新四板到新三板，最后到主板上市的路径。

在这个上市的过程中，公司要想在不同的板块之间转板上市需要满足各自的条件。

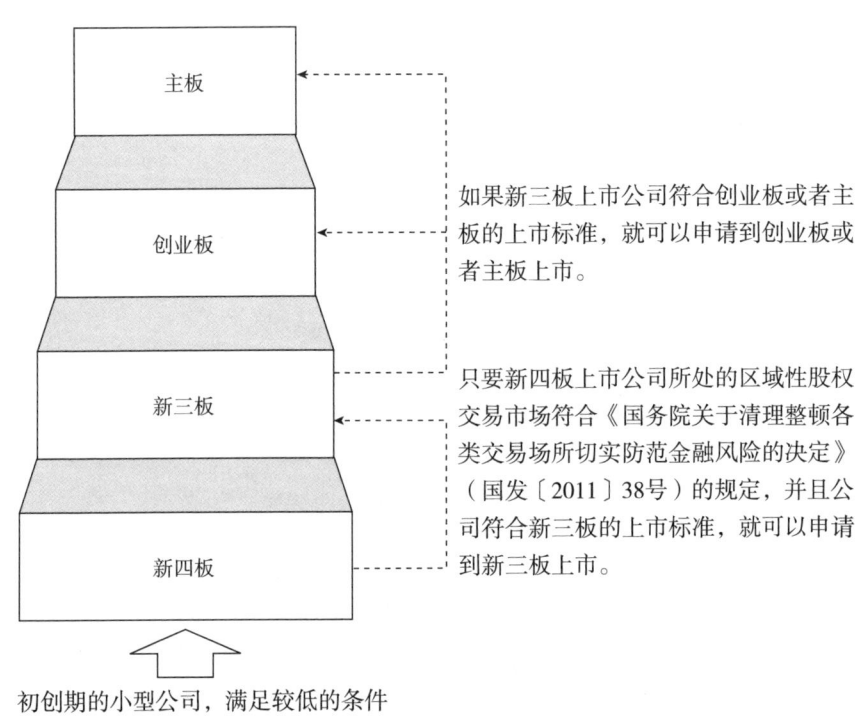

这个转板系统是我国新四板市场建设过程中的一项重要工作。只要转板系统能够建立起来，新四板市场就可以具备对小型公司足够的吸引力，未来的上市公司规模会越来越大，成为一个真正为所有小型公司服务的交易市场。

1.4 新四板的发展前景

新四板市场发展至今，已经取得了一定的成绩，也为很多小微企业提供了融资服务。不过在发展过程中，也暴露出了一定的问题，未来还需要继续改进。预计在未来的几年中，新四板市场还将会快速发展，并且在以下几个方面会有比较大的改变。

◎ 准入门槛进一步降低

新四板是服务广大小微企业的板块。目前，新四板市场的准入门槛已经很低，如前海新四板挂牌企业只需要符合3211的基础条件，并采用"十无模式"。其中最重要的是不需要股改（不用产生由此带来的补税、律师会计师成本）、无强制信息公示（在企业成长初期保留）、无行业限制、无企业组织形态限制等。企业只需要支付最低的成本就可以在新四板上市，享受融资服务。

预计未来几年，新四板的上市门槛还将会进一步降低。无论什么企业，只要不违背一些基本的原则，就可以在新四板挂牌上市。

◎ 企业数量大量增加

随着企业入市门槛降低，必然带来的是新四板挂牌企业大量增加，其实这一点在过去几年已经有了非常明显的体现。

以前海股权交易中心为例。中心于2012年5月15日揭牌，从0开始。截至2014年12月31日，挂牌企业达到4375家。到2016年初，挂牌企业数已经达到 1 万家。预计未来几年，在新四板挂牌的企业数量会越来越多。

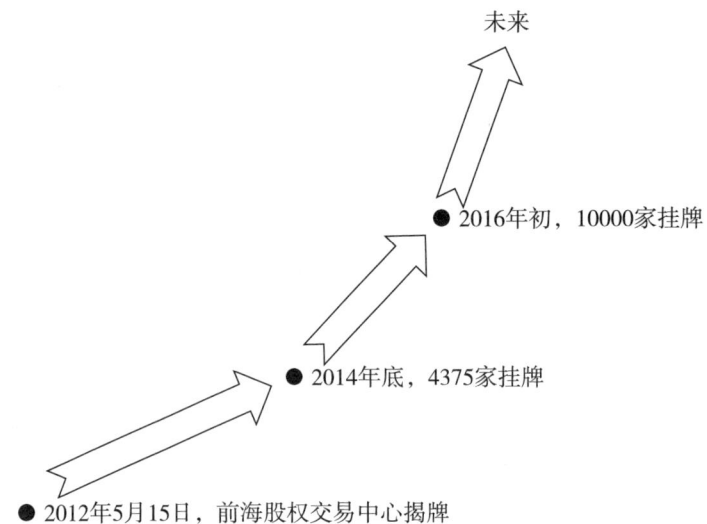

◎ 提供多样化的企业服务

目前，困扰中小企业发展的不仅是股权融资困难，债权融资和其他融资方式同样匮乏。此外，除了需要资金，中小企业还需要品牌包装和宣传服务、专业的管理咨询服务和未来可能需要的上市辅导服务。这样围绕中小企业的需求，就可以形成一个庞大的产业链。

为此，新四板的股权交易中心除了为企业提供股权融资服务外，还可以积极为企业提供债权融资和其他融资途径，进一步为企业提供更加深入的管理咨询服务。

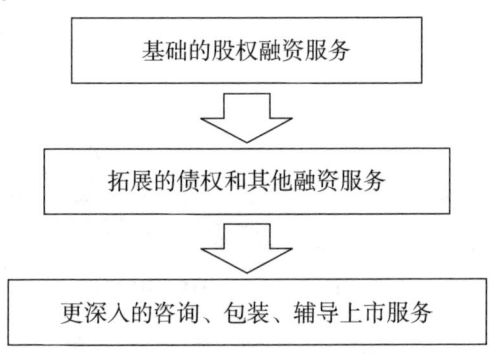

◎ 享受金融政策先行先试

新四板市场可以帮助小微企业解决融资难、融资贵的问题,符合国家的长期发展战略。因此,预计未来国家相关政策会继续向新四板倾斜,新四板也将会享有金融改革的先行先试政策。

例如,前海股权交易中心就享受特区中的特区"前海深港合作区"以及"粤港澳自贸区"双重政策优势,独享金融改革"先行先试"政策。

第2章

认识著名的新四板市场

我国有几十家区域性股权交易市场，几乎每个省或直辖市都有至少一家。这些区域性股权交易市场中，有的上市公司众多、交易活跃，有的则并不是那么规范、规模较小。下面，我们挑选出了几家全国最具代表性的区域性股权交易市场逐一介绍。通过这些介绍，我们就能够熟悉目前新四板市场的整体情况和各地的特点。

2.1 前海股权交易中心

前海股权交易中心是在深圳前海深港现代服务业合作区建设的国有企业控股、市场化运作的区域性交易市场,是广东省区域性股权交易市场的核心组织机构,于2012年5月15日揭牌,2012年12月6日完成增资扩股。

目前,前海股权交易中心上市的公司数量和规模在全国众多新四板市场中都是最多的,因此前海股权交易中心是新四板的领头羊。

前海股权交易中心注册资本5.55亿元。中心在股东结构上引入国内三家顶级证券公司——中信证券、国信证券、安信证券,采取公司制经营、职业化管理、团队化运营、市场化运作,力求打造一个与沪深交易所完全不同的新型资本市场。

前海股权交易中心利用互联网平台资源,为广大处于初创和发展阶段、尚未走入沪深交易所的中小微企业,提供私募、个性、定制化的金融解决方案,在商业银行和沪深交易所之外,开辟一个新型融资渠道,帮助企业实现成长梦想。

◎ **前海股权交易中心的特点**

相比以上海交易所和深圳交易所为代表的传统股票交易市场,前海股权交易中心在规模、技术和管理等方面都没有明显的优势。不过即使这样,前海股权交易中心仍然能够在这个市场上站稳脚跟,并且快速发展,这主要得益于前海股权交易中心对自己的定位十分准确。它将自己定位于服务中小企业需要的交易中心。为了充分迎合中小企业的需要,前海股权交易中心在建设时坚持了以下几个明确的特点。

传统交易所	前海交易中心	说明
需要多级严格审批	无审批	前海股权交易中心认为，衡量企业的标准有很多，但在审批制度下往往只用极少的几个标准去衡量各种不同类型的企业，所以很多企业不符合标准。 为此前海股权交易中心提出无审批的挂牌制度，就是企业完全可以根据自己的实际状况，只要符合规定的条件，就可以挂牌，在前海迈出走向市场的第一步。
需要中介机构保荐	无中介	前海股权交易中心在构建过程中提出了去中介化。因为中介的出现是交易所市场制度的一个典型产物。中介出现之后，大量的费用支付给了中介机构。 前海交易所提出无中介，就是要提供一个投资者和挂牌公司之间可以直接进行股权买卖的融资场所。企业得到的不只是资金，还能得到符合企业需要的投资人，因为企业和投资人可以网上讨论。 去中介化就是让市场回归到资本市场本源，回归到一个非常实在的地方。
需要改变企业原有组织形态	不需要改变	企业要想在交易所成功上市，必须按照上市规则把自身整理成符合要求的组织形态。一旦上市不成功，这不仅无法给企业带来帮助，可能还会对企业造成极大的伤害。前海股权交易中心认为，企业不应该投入太大的精力到上市过程中，也并不是所有的企业都适应交易所市场。因此，前海股权交易中心的理念就是要保留企业的原生态，不轻易改变企业原有的形态、特点和方式。
登记、托管挂牌都收费	登记、托管、挂牌一律免费	企业到前海股权交易中心登记、托管、挂牌一律免费。因为前海股权交易中心是帮助企业解决融资问题的，不能让企业还没拿到钱就先交费。
首发、增发有各种限制	无发行方式、批次及数量限制	前海股权交易中心只是为企业提供了一个融资的平台。企业可以随时根据生产经营需要选择适合的融资方式。对于管理好的企业，如果不愿意转让股权，也可以通过债权或产品设计的方式来进行融资。整个融资过程企业都可以自己控制和掌握，根据自身需要决定是否转让股权、转让多少。

强制披露信息 ←	无强制性信息披露	前海股权交易中心认为一个企业最核心的竞争力来源于企业内部的一套经营管理理念。往往有什么样的管理者，就有什么样的企业。 企业一旦上市后，就转变成为一个公众公司，投资者要购买股票就必须知道企业的情况。其实交易所的这种强制性信息披露制度，对企业经营的核心竞争力以及竞争优势的形成是有伤害的。 前海股权交易中心不要求企业强制披露信息，尊重企业隐私，为企业的核心机密保密，企业只需要向前海股权交易中心报备基本信息。当有投资者对企业有意向时，企业可以向投资者定向披露。
对部分行业有倾斜 ←	无行业限制	只要企业不违反国家法律法规，达到前海股权交易中心的挂牌条件，就可以在交易中心挂牌，没有行业限制。任何行业都有可能出现优秀的公司。企业最终能否上市成功只需要由投资者来决定。
必须是股份有限公司 ←	无企业组织形态限制	无论是合伙企业、有限责任公司，还是股份有限公司，都可以来前海股权交易中心挂牌。每个企业的形态都是符合自身情况的，前海股权交易中心不会强制企业改变组织形态。
只能选择沪深中的一家交易所上市 ←	无交易所上市阻隔	很多在前海股权交易中心上市的企业，长期发展目标还是要等做大以后，再到沪深两家交易所上市。 企业在前海股权交易中心进行登记、托管和挂牌并不会阻碍企业今后在交易所上市，反而为到交易所上市打下了更加坚实的基础。
除了上市外基本没有其他服务 ←	提供无止境培训	前海股权交易中心可以通过专业力量为企业提供培训咨询，为企业经营管理和资本市场运作提供无止境的智力支持。这是前海股权交易中心奋斗的目标之一。

◎ 前海股权交易中心的优势

前海股权交易中心能够发展成为我国规模最大的一家股权交易中心，是因为它具备了其他股权交易中心所无法比拟的优势。

优势1：前海毗邻香港

- 借助毗邻香港的独特区位优势，不断深化深港合作，充分借鉴香港国际通行商业规则，营造公正、透明、高效、廉洁、诚信的营商环境；

- 充分发挥香港在前海开放中的独特作用，在粤港合作框架下，形成两地产业互补、经济一体和社会共融的发展格局。

优势2：前海的交通优势

- 前海位于珠三角区域发展主轴与沿海功能拓展带的十字交汇处；

- 紧邻深港两个机场、深圳—中山跨江通道、深圳西部港区和深圳北站；

- 广深沿江高速公路贯通其中；

- 在珠三角一小时和香港半小时交通圈内，具备良好的海陆空交通条件和突出的综合交通优势；

- 在粤港澳区域内具有重要的战略地位。

根据《深圳市轨道交通规划(2012-2040)》远期安排，经过前海合作区的城际轨道线路将达到4条：
①港深西部快线（深圳湾口岸→香港）；
②穗莞深城际线（广州增城→东莞→深圳）；
③深惠城际线（前海妈湾→惠城）；
④深珠城际线（珠海→深圳）。
已建成、在建和规划中的城市轨道线路则有5条：
①1号线（罗宝线，深圳后瑞<近机场>→深圳罗湖口岸）已建成；
②5号线（环中线，深圳前海湾→深圳黄贝岭）已建成；
③9号线（梅林线，深圳红树湾→深圳文锦）在建；
④11号线（机场快线及广深城际轨道线路，深圳福田竹子林长途车站→前海湾→机场）在建；
⑤15号线（深圳石岩线，东滨西→上屋北）规划中。

优势3：创新的体制机制优势

凭借深圳创新精神的文化积淀，前海立足体制机制创新，已成为国家级开发区中开放程度最高、体制机制最新、先行先试空间最广、产业发展潜力最大、支持保障措施最优的开发区。

创新性法定机构管理模式
深圳前海深港现代服务业合作区管理局（以下简称"前海管理局"）是内地第一个真正意义上的法定机构，并被国家授予相当于计划单列城市的非金融行业管理审批权限；按照"充分授权、封闭运作"的原则，提供便捷的一站式服务，构建"公平、透明、高效、廉洁、诚信"的服务型管理机构。

国家级政策扶持平台
前海南沙横琴建设部际联席会议制度是由国务院授权，国家发改委牵头，有关部委和地区共同参与的国家级政策扶持平台，形成了国务院各部门、各相关地区联动推进前海开发开放的强大合力，构建了在国务院领导下统筹前海开发开放的国家平台。

高层次咨询机构
前海合作区咨询委员会（以下简称"咨询委员会"）是与前海建设部际联席会议制度配套衔接的一项重要制度安排，是提供前海开发开放有关决策咨询意见的一个重要平台。咨询委员会由来自内地与香港两地具有较高社会知名度和行业影响力的人士组成，将对前海下一步开发开放发挥重要的推动作用。

优势4：雄厚的产业基础优势

- 前海所在城市深圳是珠江三角洲和中国大陆经济最活跃的地区之一；

- 深圳经济总量位居全国大中城市前列，是中国大陆经济效益最好的城市之一；

- 深圳人均GDP、外贸出口额、专利申请量、人均专利拥有量等多项指标均居中国各大城市之首；

- 产业基础雄厚，为在前海投资的企业提供了丰富的合作伙伴、广阔的市场空间；

- 180家世界500强企业扎根深圳。

优势5：特殊的政策环境优势

2012年6月27日，国务院批复前海深港现代服务业合作区开发开放有关政策，支持深圳前海实行比经济特区更加特殊的先行先试政策，政策涉及金融、财税、法制、人才、教育医疗以及电信6个方面22条具体措施。

1. 金融政策

支持前海在金融改革创新方面先行先试，建设我国金融业对外开放试验示范窗口。

（1）允许前海探索拓宽境外人民币资金回流渠道，配合支持香港人民币离岸业务发展，构建跨境人民币业务创新。

（2）支持设立在前海的银行机构发放境外项目人民币贷款；在《内地与香港关于建立更紧密经贸关系的安排》（CEPA）框架下，积极研究香港银行机构对设立在前海的企业或项目发放人民币贷款。

（3）支持在前海注册、符合条件的企业和金融机构在国务院批准的额度范围内在香港发行人民币债券，用于支持前海开发建设。

（4）支持设立前海股权投资母基金。

（5）支持包括香港在内的外资股权投资基金在前海创新发展，积极探索外资股权投资企业在资本金结汇、投资、基金管理等方面的新模式。

（6）进一步推进前海金融市场扩大对香港开放。支持在CEPA框架下适当降低香港金融企业在前海设立机构和开展金融业务的准入条件。

（7）根据国家总体部署和规范发展要求，支持前海试点设立各类有利于增强市场功能的创新型金融机构，探索推动新型要素交易平台建设，支持前海开展以服务实体经济为重点的金融体制机制改革和业务模式创新。

（8）支持香港金融机构和其他境内外金融机构在前海设立国际性或全国性管理总部、业务运营总部，加快提高金融国际化水平，促进前海金融业和总部经济集聚发展。

第2章 认识著名的新四板市场

2. 财税政策

在国家税制改革框架下，支持前海在探索现代服务业税收体制改革中发挥先行先试作用。

（1）在制定产业准入目录及优惠目录的基础上，对前海符合条件的企业减按15%的税率征收企业所得税。产业准入目录及优惠目录分别由发展改革委、财政部会同有关部门制定。

（2）对在前海工作、符合前海规划产业发展需要的境外高端人才和紧缺人才，取得的暂由深圳市人民政府按内地与境外个人所得税负差额给予的补贴，免征个人所得税。

（3）注册在前海的符合规定条件的现代物流企业享受现行试点物流企业按差额征收营业税的政策。

3. 法制政策

支持前海营造适应服务业开放发展的法律环境。

（1）探索香港仲裁机构在前海设立分支机构。

（2）进一步密切内地与香港律师业的合作，探索完善两地律师事务所联营方式，在CEPA及其补充协议框架下，深化落实对香港的各项开放措施。

4. 人才政策

支持前海建设深港人才特区，建立健全有利于现代服务业人才集聚的制，营造便利的工作和生活环境。

（1）创新管理机制，研究制定相关政策措施，为外国籍人才、港澳台人才、海外华侨和留学归国人才在前海的就业、生活以及出入境等提供便利。

（2）将前海纳入经国家批准的广东省专业资格互认先行先试试点范围。

（3）允许取得香港执业资格的专业人士直接为前海企业和居民提供专业服务，服务范围限定在前海内，具体政策措施及管理办法由行业主管部门商有关方面制定。

（4）允许取得中国注册会计师资格的香港专业人士担任内地会计师事务所合伙人，在前海先行先试，具体试行办法由深圳市制定，报财政部批准后实施。

■ 以上内容整理自前海管理局官网

除了以上这些已经落实的政策外,前海地区未来规划中的政策还包括以下几条:

前海深港现代服务业合作区总体发展规划

- 注册在深圳的保险企业向注册在前海的企业提供国际航运保险业务取得的收入,免征营业税;
- 注册在前海的企业从事离岸服务外包业务取得的收入,免征营业税;
- 完善技术先进型服务企业认定标准,经认定的技术先进型服务企业按15%的优惠税率征收企业所得税,其发生的职工教育培训经费按不超过企业工资总额的8%比例据实在企业所得税税前扣除。

◎ 中心的 2 个定位

根据以上这些得天独厚的优势,前海股权交易中心经过研究和总结,确定了交易中心的"2个定位"。这 2 个定位明确了前海股权交易中心是一家怎样的机构。

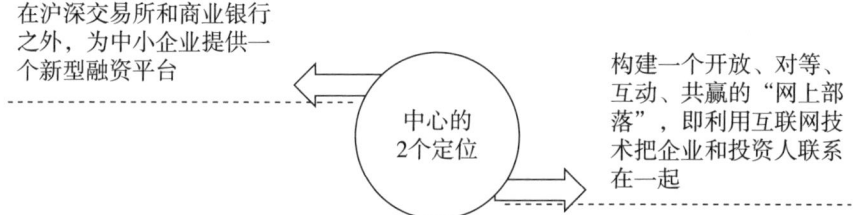

在传统的交易所市场中,投资者和发行人是分离的。而到了前海股权交易中心,投资者和发行人就进入了共同的"网上部落"。大家知根知底,投资者和发行人可以在这里进行交流和讨论。

◎ 5 个中心的定义

根据以上对交易中心的定位,前海股权交易中心在市场上所扮演的并不仅仅是交易中介的角色,而是"5 个中心"的角色。

中小企业私募产品登记托管中心

在现代经济社会里,每一个企业实际上都具有双重属性。一重属性是物理属性,也就是企业的经营实体,在自然经济下企业只有这一个属性。而在现代经济社会里,企业还具有另一重经济属性,也就是价值属性。交易所是把企业的价值属性通过构建标准化股票的方式进行交易。前海的登记托管中心是将企业的价值属性在这里进行登记托管,这样企业就具备了社会价值,同时为企业与其他不同类型的企业进行比较提供了一个初始标准,为企业真正走向社会迈出了第一步。

中小企业挂牌展示中心

这有点类似于产品展销会和博览会。企业参加产品展销会和博览会是想通过产品展示销售自己的产品,产品展示实际上是让购买人与这个产品进行心理交流。打个比方,你到车展上去看车,如果碰到喜欢的车,一定会去看一看、摸一摸、问一问,这其实就是在进行心理对话。企业就是通过前海的挂牌展示中心向社会展示自己的基础信息,同时让社会通过这个平台来认识和了解企业。交易所市场中企业的发行、上市和融资是连在一起的,而我们这里是可以分离的。

中小企业债权和产品融资中心

因为企业在初创或者成长阶段,还没有形成一定规模之前,很难取得外部人的信赖。这类企业直接上市融资很难成功,同时还会增加企业的成本。而在前海股权交易中心,当企业的信誉程度还不为社会所接受的时候,中心会根据企业的市场地位、业务空间、治理结构和财务状况,通过专家来分析和判断企业情况,把单个企业的不确定性通过产品设计的方式实现风险和收益的分离,再来寻找社会上不同风险偏好的投资者来进行投资,进而满足企业的融资需求。

中小企业自助股权融资中心

前海股权交易中心自主研发的技术系统,和交易所的技术系统不同。交易所的技术系统注重交易,每秒钟可以撮合20万股交易量,可以说是全世界技术性能最高的。而前海将提供一个投资人与挂牌公司之间通过网上直接讨论对话的系统。这个系统最理想的状态是,当企业需要筹集资金时,可以根据自己的实际情况来出让股权,价格可以跟投资人直接讨论确定。同时,前海股权交易中心还能提供众多的投资者,在企业股权交易过程中,他们可以进行评价和选择,还能跟和企业一起进行讨论。

中小企业培训和咨询中心

企业在创业过程中同样面临各种问题和困难,几乎很难找到外人帮助。中小企业在起步阶段大多不太合规,所以上市过程极其复杂,要对前期全部进行整理,才能达到交易所规定的标准和要求。前海股权交易中心的理想是未来能根据企业所处的成长阶段,将国际上企业管理最前沿的专业理论和专业经验分成若干个小课件,来帮助企业设计制度、进行管理。也就是把现在这些费用高昂的EMBA课程,变成所有企业一看就能懂、很简单的内容。

"5个中心"构成了前海股权交易中心的业务体系,同时也是前海股权交易中心未来的发展目标。如果"5个中心"真正形成了,前海股权交易中心就能构建一个真正适应中小企业发展需求、为中小企业提供资金和智力支持的平台。

◎ 前海股权交易中心的发展目标

我们正处在一个大变化的时代,工业文明已经走向顶峰并且弊端日益显现,互联网正在改变我们的工作、生活、社会生态等。

淘宝,一个成立十三年的公司,交易额接近全国消费品零售总额的十分之一。阿里小贷，不像传统商业银行那样对借款人进行严格的审查，仅凭借客户在阿里巴巴平台上的信用数据来决定是否提供贷款，而且它的利率比银行高，呆账率却比银行还低。未来如果阿里小贷做大了，可能是对传统银行融资体系的颠覆。

2015年3月6日，美国道琼斯指数创下100多年的新高，一些新型的企业，如IBM涨了90%，苹果成了全球市值最大的公司，Google的市值也超过了中国工商银行。与此同时，其他的传统机构，如美国银行，在这5年当中，下跌了30%~40%。这些变化都说明新时代来临了。

前海股权交易中心建立在互联网文明之上，其特点是小众、非标准化、客户定制、个性化。自21世纪以来，大规模的超级型企业可能会越来越少，越来越多的中小企业会涌现出来。

前海股权交易中心就是建立在未来这种变化的基础上。中心提出的"相聚在梧桐树下"的理念，就是想回归资本市场的本源，遵循市场的固有精神。在前海股权交易中心的理念中，交易所制度的出现，实际上越来越改变了梧桐树精神。由于信息太发达，越来越多的投资人只注重二级市场的炒作，大量的资金回流到二级市场。前海股权交易中心是跟企业实体经济直接相关联的市场。为此，前海股权交易中心提出构建一个网上部落，在这里，投资者和企业家都是部落成员，大家知根知底，各自把自己的资源、能力、智慧贡献出来，来迎接我们的未来。

■ 以上内容整理自深圳前海股权交易中心董事长胡继之的讲话

2.2 厦门两岸股权交易中心

厦门两岸股权交易中心经厦门市政府批准设立,由厦门市金融协调服务办公室负责监管,遵循中国证监会对中国多层次资本市场体系建设的统一要求,是建设厦门经济特区"两岸区域性金融服务中心"的金融要素市场,是海峡西岸经济区股权交易市场的核心机构,是构建两岸区域性金融体系的重要组成部分。

◎ 交易中心的建立

厦门两岸股权交易中心是海西经济区区域性股权市场的核心机构,融合了对台金融合作元素,服务于台海两岸中小微企业,是两岸区域性金融体系的重要组成部分。

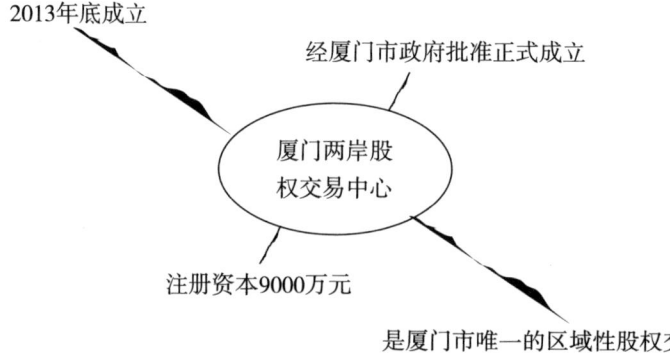

厦门两岸股权交易中心是专门为小微企业提供融资服务的交易平台。中心在建设的过程中,坚持了以下几个明确的特点。

- ⇨ 采取"公司制经营、职业化管理、团队化运营、市场化运作"的发展和管理模式。
- ⇨ 整合利用互联网平台资源。
- ⇨ 专门服务还处于初创和发展阶段、尚未走入沪深交易所的中小微企业。
- ⇨ 提供私募、个性、定制化的金融解决方案。
- ⇨ 打造"线上+线下"的开放型商业部落。
- ⇨ 形成"融资、融智、融服务"三位一体的功能服务体系。
- ⇨ 在商业银行和沪深交易所之外,开辟另一个新型融资渠道,帮助企业实现成长梦想。

◎ 交易中心的业务范围

作为服务海峡西岸经济区的区域性股权交易市场,厦门两岸股权交易中心为上市企业和投资者提供了以下服务。

厦门两岸股权交易中心的服务

- → 为各类中小企业及非上市股份有限公司提供企业挂牌、股权托管、登记、质押、鉴(见)证、转让、融资、结算、过户、信息披露、权益分派、增资扩股等提供场所、设施和咨询等综合服务;
- → 为投资者提供各类非标准化产品交易、结算等其他金融服务;
- → 为企业提供资产重组、投资融资、兼并收购、拍卖破产、企业改制、资本运作等咨询服务;
- → 为企业和投资者提供融资理财、委托投资、项目投资、投资管理服务;
- → 为企业和投资者提供培训、咨询、评级、财务顾问等服务;
- → 管理和发布市场信息,为企业和投资者提供信息服务;
- → 对投资者进行适当性管理,为投资者开展教育服务。

◎ 交易中心的发展目标

在建立和发展的过程中，厦门两岸股权交易中心积极探索海峡两岸金融创新模式，根据厦门自贸区和"一带一路"建设的发展要求，致力于服务台海两岸中小微企业，促进地方实体经济发展。未来，厦门两岸股权交易中心的长期发展目标包括以下几个方面。

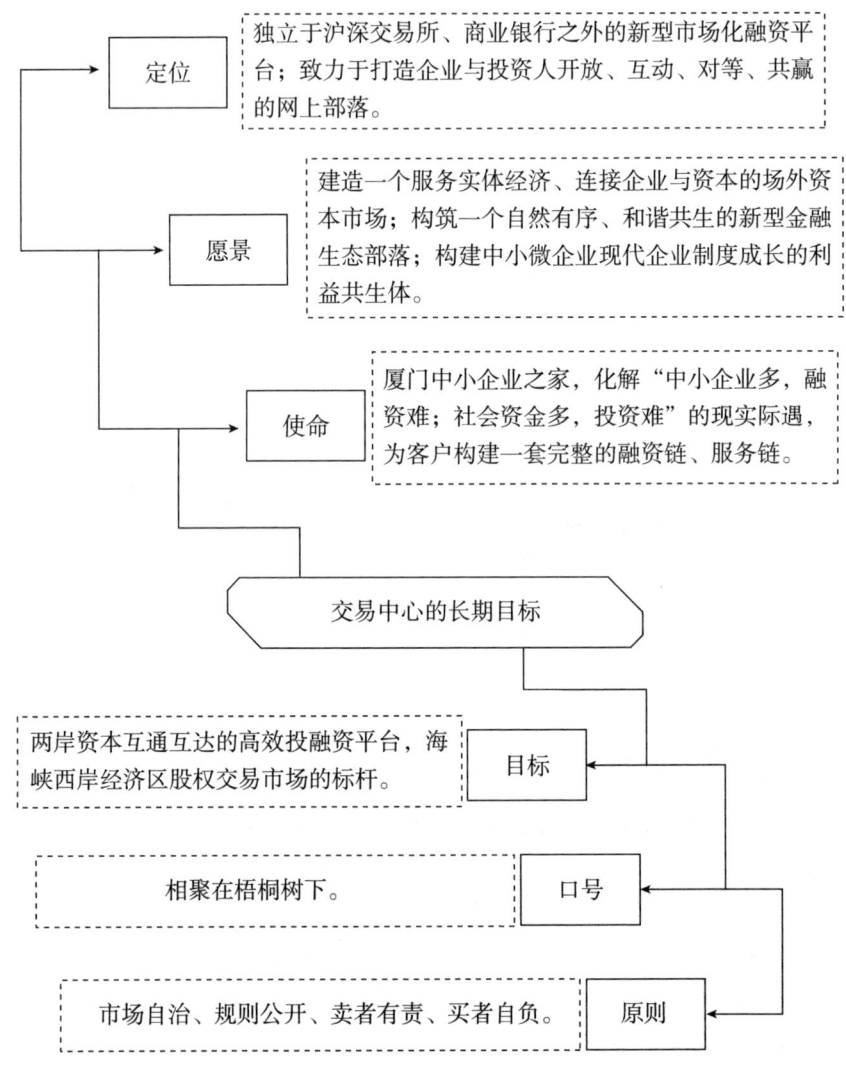

2.3 北京股权交易中心

北京股权交易中心是经北京市政府批准，于 2013 年 1 月注册成立的非营利性区域股权交易市场，是我国多层次资本市场体系的重要组成部分。

◎ 聚合中关村企业资源

北京股权交易中心的重点是服务北京地区中小微企业。作为中关村股权交易服务集团的子公司，北京股权交易中心积极与中关村创业园区展开合作。

2014 年 11 月，北京股权交易中心与中关村担保公司签订了战略合作框架协议。中关村担保是北京市政府批准设立的国有政策性专业担保机构，是中关村国家自主创新示范区科技金融政策的重要实施渠道。中关村担保扎根中关村示范区、服务科技型中小微企业，十余年来已成为国内科技担保行业领军企业。

签订战略合作框架协议后，北京股权交易中心可以充分吸纳中关村担保公司的在保企业进入四板市场，通过北京股权交易中心提供的资本市场服务，拓宽企业融资渠道，扩大企业知名度。同时，北京股权交易中心将结合中关村担保的信用优势，整合其他金融资源，搭建信用金融协同服务平台，为中小微企业解决信用资质不足、融资路径狭窄的困境提供更好的解决方案。

◎ 中心的发展前景和定位

北京股权交易中心是专门为北京市企业特别是中小微企业提供融资服

务的私募市场,是多层次资本市场的重要组成部分。

在实际运作过程中,北京股权交易中心主要为非上市企业提供以下服务。

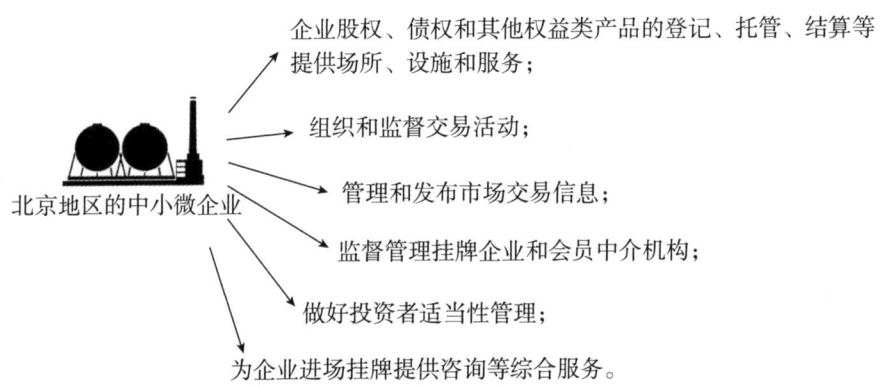

- 企业股权、债权和其他权益类产品的登记、托管、结算等提供场所、设施和服务;
- 组织和监督交易活动;
- 管理和发布市场交易信息;
- 监督管理挂牌企业和会员中介机构;
- 做好投资者适当性管理;
- 为企业进场挂牌提供咨询等综合服务。

除此之外,北京股权交易中心还积极从事金融产品和服务创新,拓展业务范围。未来,北京股权交易中心的发展目标包括三个方面:

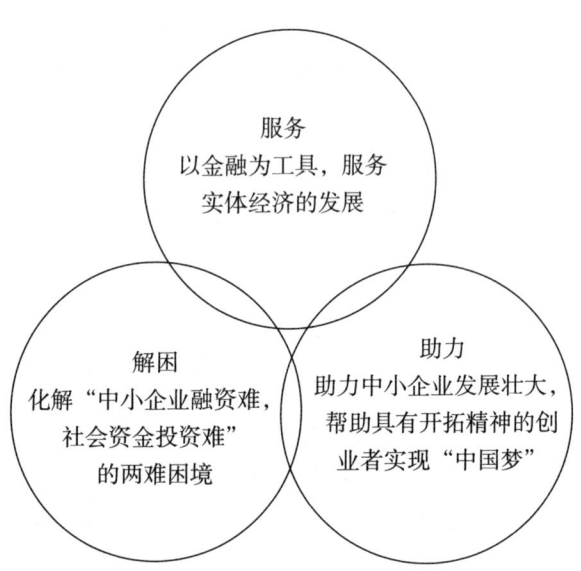

服务
以金融为工具,服务实体经济的发展

解困
化解"中小企业融资难,社会资金投资难"的两难困境

助力
助力中小企业发展壮大,帮助具有开拓精神的创业者实现"中国梦"

为了实现这样的发展目标,北京股权交易中心在发展运作的过程中,确定了三个发展的定位。

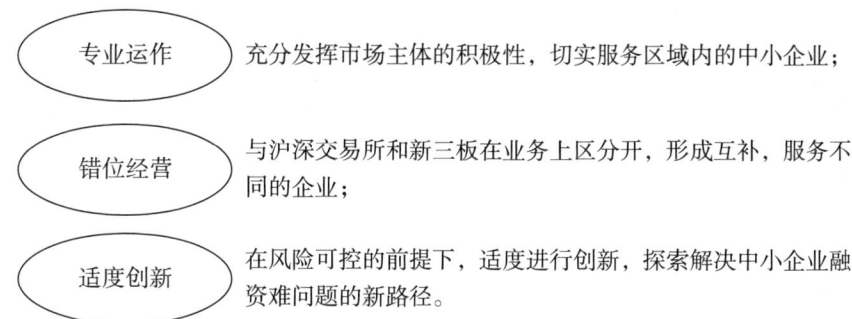

◎ **企业服务的三大业务板块**

为了向企业提供优质的服务,北京股权交易中心除了基本的挂牌交易服务外,还为挂牌企业提供其他一系列的优质服务。目前,北京股权交易中心已经建成了三大业务板块:

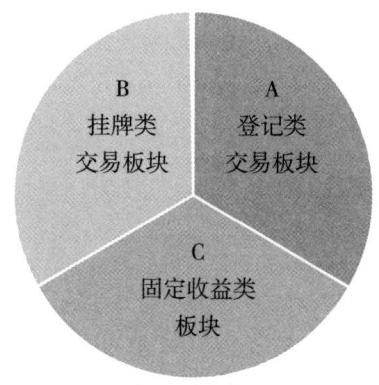

在这三大业务板块的基础上,北京股权交易中心又建立了六个专业的业务平台,全方位助力企业的发展。

| 融资平台 | 多元融资、快速成长 |

中心聚集了大量PE、VC和高精准个人，同时与银行紧密合作，充分利用资本优势和信息优势，拓宽中小企业直接和间接融资渠道，增强企业发展后劲。

| 交易平台 | 价值发现、企业增值 |

中心为挂牌企业提供合法、有序的转让平台，提供快速、高效、低成本的股权、债权转让服务，实现挂牌标的的流动和增值，提升企业价值。

| 孵化平台 | 孵化预演、发展壮大 |

中心全力培育企业规范发展，促进中小企业在中心孵化预演，发展壮大，直至转板上市。

| 改制平台 | 促进改制、规范发展 |

中心汇聚了一批知名银行、券商、会计师事务所、律师事务所等中介机构，为企业股份制改造提供全程服务，帮助完善法人治理，为企业持续快速健康发展打下坚实基础。

| 宣传平台 | 宣传展示、品牌增值 |

通过中心的社会影响力，挂牌企业可以获得市场主体的更多关注，有利于展现品牌、提升形象，构建和聚集企业持续发展所需的各类资源。

| 创新平台 | 金融创新、创收增利 |

中心在风险可控的前提下，根据市场需要适度进行金融创新，探索解决中小企业融资难的新路径。

在建设平台的过程中，北京股权交易中心坚持了"两无两有"的原则。这也成为北京股权交易中心区别上海和深圳交易所，以及区别其他股权交易平台的重要特点。

第2章 认识著名的新四板市场

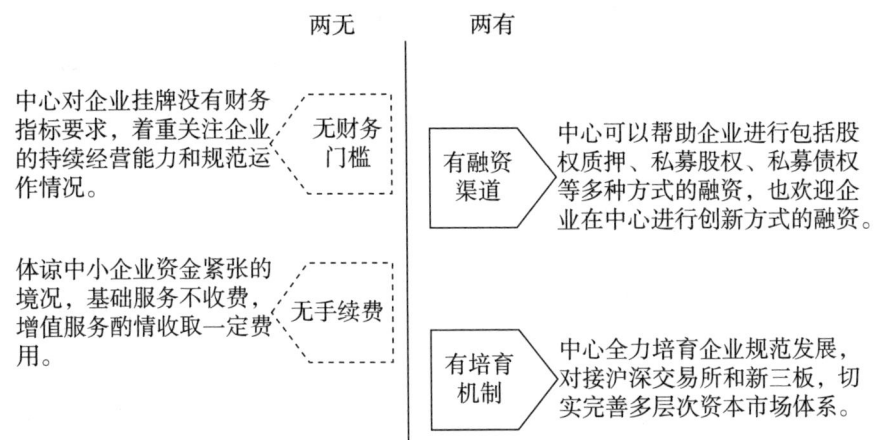

企业在北京股权交易中心挂牌，不仅可以享受到交易中心系统化的专业服务平台，还可以从交易中心"两无两有"的经营原则中，获得巨大收益。具体来说，如果一家企业能够在北京股权交易中心挂牌，可以得到以下四方面最直观的好处。

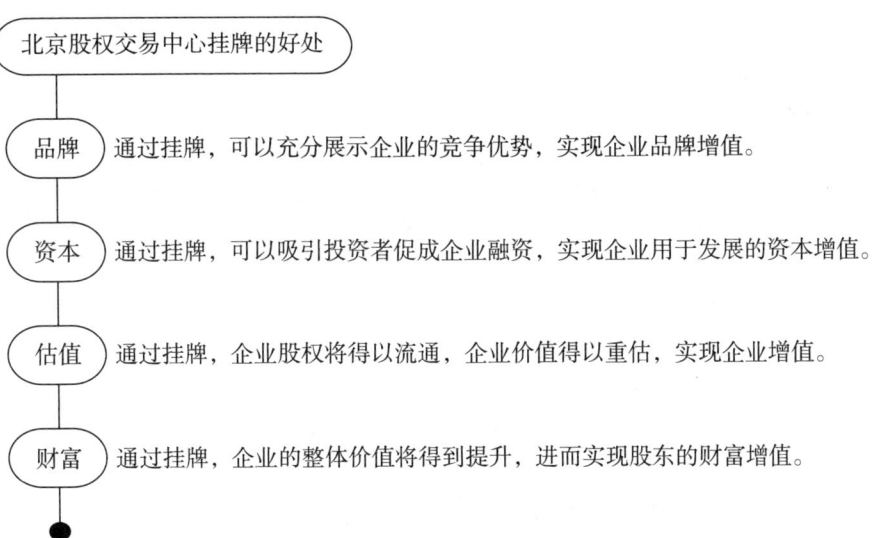

◎ 投资者网上交易服务

新四板市场的挂牌企业以及备案发行的产品虽然具备很高的成长性，

但是稳定性较差，易于受到宏观形势、行业变迁和企业运营等方面因素的冲击，从而在一定程度上可能诱发信用风险和流动性风险。因此，对于风险识别能力和承担能力较弱的投资者，不太适合参与到新四板交易的过程中。

为此，北京股权交易所结合新四板市场的特点和自身实际情况，建立起了一套合格投资者市场的标准体系，并且在实际工作中不断完善这个体系。这个体系明确细化了北京股权交易中心各类产品私募发行的投资者适当性要求。

2016年4月13日，北京股权交易中心公布了新版的《投资者适当性管理规则（试行）》，其中详细规定了参与北京股权交易中心业务的投资者适当性标准"底线要求"。

比如，该规则第三条规定：参与股份有限公司股份挂牌转让、有限责任公司股权报价转让、私募债券认购和转让等的机构投资者，应当符合下列条件之一：

（一）经有关金融监管部门批准设立的金融机构，包括商业银行、证券公司、基金管理公司、信托公司和保险公司等；
（二）上述金融机构面向投资者发行的金融产品，包括但不限于银行理财产品、信托产品、投连险产品、基金产品、证券公司资产管理产品等；
（三）注册资本不低于人民币500万元的企业法人或实缴出资总额人民币500万元以上的合伙企业；
（四）公司挂牌前的机构股东；
（五）本中心认定的其他机构投资者。
上述第（四）项中的机构股东只能买卖其所持公司的股份。

再如，该规则第四条规定：参与股份有限公司股份挂牌转让、有限责任公司股权报价转让、私募债券认购和转让等的个人投资者，应当符合下列条件之一：

> （一）名下各类金融资产总额不低于人民币300万元的自然人；
> （二）公司挂牌前的自然人股东；
> （三）通过股权激励持有公司股份的自然人股东；
> （四）因继承或司法裁决等特殊原因持有公司股权或私募债券的自然人股东；
> （五）本中心认定的其他个人投资者。
> 上述第（二）项、第（三）项、第（四）项中的自然人股东只能买卖其所持公司的股权或私募债券。

除了以上这些基本的规定外，投资者在实际买卖北京股权交易中心的不同产品时，还应当遵循相关产品规则中另行规定的具体门槛要求。北京股权交易中心将着力打造"统一底线＋因产品而异"的多层次投资者适当性标准体系。

需要特别强调的是，按照中国证监会的有关规定，本着实质重于形式的原则，在北京股权交易中心备案发行的私募产品不得违规进行拆分转让，或者针对其收益权进一步拆分转让，变相突破投资者适当性规则的要求。例如，先设立关联公司以合格投资者身份购买北京股权交易中心的私募产品，然后通过其他各种各样的交易平台，将该私募产品收益权拆分转让给平台注册用户。这一做法，在一定程度上容易导致向非合格投资者开展私募业务，甚至出现单只私募产品投资者数量超过200户的违法情形。

投资者在参与北京股权交易中心业务的过程中，要时刻遵守买卖风险自负的原则，根据自己的风险承担能力审慎选择产品，并承担对相关产品的履约责任，不得以不符合北京股权交易中心投资者适当性为由，拒绝承担相关产品的履约责任。

2.4 上海股权托管交易中心

上海股权托管交易中心是经上海市政府批准设立的四板市场，也是上海市国际金融中心建设的重要组成部分。

◎ 交易中心提供的服务

上海股权托管交易中心能够为企业提供的服务主要包括融资服务和宣传、推广、培训等服务。

融资服务

- 股权融资：包括挂牌前和挂牌后的定向增资。
- 债权融资：包括股权质押贷款、信用贷款、私募债等。
- 其他融资：上海股权托管交易中心非常重视与银行合作，开发针对场外市场的专属信贷产品。其中比较典型的品种叫作：挂牌贷，是一种针对拟挂牌企业的挂牌行为发放给企业的贷款。以后随着业务开展，为交易中心定制化设计的类似专属融资产品会越来越多。

宣传、推广、培训等服务

- 宣传推广：很多企业在挂牌之后，即使尚未融资，但借助交易中心的平台，在品牌宣传方面起到了很好的效果，发展非常快。
- 培训：上海股权托管交易中心为企业提供免费的培训，使他们能够深入了解企业管理知识和资本的逻辑知识。
- 对接会：上海股权托管交易中心还经常开展投融资对接会，包括各种商业资源对接会，在这些活动中，企业都能够找到很多投资者与资源。

◎ E 板和 Q 板

上海股权托管交易中心在建设过程中，形成了"一市两板"的格局，即存在非上市股份有限公司股份转让系统（以下简称 E 板）和中小企业股权报价系统（以下简称 Q 板）两个板块。这两个板块定位不同，可以为各类企业提供对接资本市场的机会及相应的资本市场服务。

其中 E 板的上市标准和信息纰漏政策都要比 Q 版更加严格。这两个板块的区别如下所示。

E 板	Q 板
企业应该符合以下基本条件： （1）业务基本独立，具有持续经营能力； （2）不存在显著的同业竞争、显失公允的关联交易、额度较大的股东侵占资产等损害投资者利益的行为； （3）在经营和管理上具备风险控制能力； （4）治理结构健全，运作规范； （5）股份的发行、转让合法合规（必须改制成股份有限公司，股东200人以内）； （6）注册资本中存在非货币出资的，应设立满一个会计年度； （7）上海股交中心要求的其他条件。	企业只要不违反以下几条，都可以在报价系统挂牌： （1）无固定的办公场所； （2）无满足企业正常运作的人员； （3）企业被国家有关部门吊销营业执照或其他合法执业证照； （4）存在重大违法违规行为或被国家相关部门予以严重处罚； （5）企业的董事、监事、经营管理人员存在《公司法》第一百四十六条所列属的或违反国家其他相关法律法规的情形； （6）本中心认定的其他情形。
中介机构应该符合以下基本条件： （1）推荐机构会员：经国家金融管理部门依法批准设立的证券公司、银行等金融机构或经上海股权交易中心认定的投资机构。 （2）专业服务机构会员：依法成立的律师事务所、会计师事务所或资产评估事务所。	中介机构可以是报价系统推荐机构，包括：依法设立并存续的银行、证券公司、投资机构、律师事务所、会计师事务所、资产评估机构，以及经中心认定的其他机构或组织。

（上市标准不同；中介机构不同）

转让有锁定期限制：
非上市公司控股股东或实际控制人挂牌前直接或间接持有的股份分三批进入上海股交中心转让，每批进入的数量均为其所持股份的三分之一。进入的时间分别为挂牌后依法依约可转让之日、挂牌后依法依约可转让之日期满一年和两年。挂牌前六个月内挂牌公司进行过增资的，货币出资新增股份自工商变更登记之日起满六个月可进入上海股交中心转让，非货币财产出资新增股份自工商变更登记之日起满十二个月可进入上海股交中心转让。

（1）协议转让：投资者买卖挂牌公司股份，应委托代理买卖机构办理，在代理买卖机构开立资金账户，资金存入银行第三方存管账户。股份转让系统提供协议转让方式。投资者可委托代理买卖机构在股份转让系统发布买卖意向，达成转让意向，通过股份转让系统确认成交。股份转让价格实行涨跌幅限制，涨跌幅比例限制为前成交均价的30%,挂牌公司股份成交首日及上海股交中心认定的其他情形不设涨跌幅限制。

（2）委托转让：投资者买卖挂牌公司股份，应与代理买卖机构签订代理股份转让协议。投资者委托分为意向委托、定价委托和成交确认委托。委托当日有效。委托的股份数量以"股"为单位，每笔委托股份数量应为1万股及以上。投资者股份转让账户中某一股份余额不足1万股的，应一次性委托卖出。股份的报价单位为"每股价格"。报价最小变动单位为0.01元。

> 转让报价方式不同

交易所设立了股权转让报价系统，股权的出让方和受让方均可在报价系统发布股权转让报价信息。
投资者须按照本规则及相关规定要求，规范地发布股权转让报价信息，并保证股权报价信息的真实性和准确性。

第2章 认识著名的新四板市场

挂牌公司拟进行定向增资的，应与推荐机构会员协商后，聘请经上海股交中心认定的会计师事务所、律师事务所（必要时）、资产评估事务所（必要时）等专业服务机构为其定向增资提供有关专业服务。推荐机构会员应对拟进行定向增资的挂牌公司开展尽职调查，同意定向增资的，应出具尽职调查报告，并向上海股交中心报送定向增资申请文件。上海股交中心对推荐机构会员报送的申请文件进行审核，审核同意后报送上海市金融服务办公室备案。	定向增发规则不同	交易所设立了股权转让报价系统，股权的出让方和受让方均可在报价系统发布股权转让报价信息。投资者须按照本规则及相关规定要求，规范地发布股权转让报价信息，并保证股权报价信息的真实性和准确性。
挂牌前需要披露的内容： （1）股份转让说明书； （2）审计报告； （3）法律意见书； （4）公司章程。 挂牌后需要披露的内容： （1）经审计的年度报告； （2）半年度报告； （3）重大事项临时报告。	信息披露规则不同	挂牌前需要披露的内容： （1）企业挂牌情况说明书； （2）章程。 对于财务报告、审计报告等文件，采取资源自愿披露的原则。 挂牌后，鼓励企业在信息披露中采用经过审计的财务数据，并自愿进行更为充分的信息披露。

投资者准入机制相同

参与挂牌公司股份转让的投资者，应具备相应的风险识别和承担能力，可以是经上海股交中心认定的下列机构或人员：
（一）机构投资者，包括法人、合伙企业等；
（二）公司挂牌前的自然人股东；
（三）通过定向增资或股权激励持有公司股份的自然人股东；
（四）因继承或司法裁决等原因持有公司股份的自然人股东；
（五）具有两年以上证券投资经验，且拥有人民币100万元以上金融资产的自然人；
（六）上海股权交易中心认定的其他投资者。
上述第（二）项、第（三）项、第（四）项中的自然人股东在不满足上述第（五）项条件时，只能买卖其持股公司的股份。

◎ 对接上海自贸区

企业选择在上海股权托管交易中心挂牌，最主要的目的就是对接资本，解决其融资难、融资贵的问题。上海股权托管交易中心在这方面具备了突出的优势，主要表现在以下几个方面。

对接上海自贸区

2013年，国务院正式批准设立中国（上海）自由贸易试验区。在相关方案中，明确提出支持股权托管交易机构在试验区内建立综合金融服务平台。这为上海股交中心的创新发展提供了绝佳的发展机会，也将成为上海股交中心的一大市场特色。

具备优秀的投行队伍

上海股交中心在非券商机构中培养了一批民营的专业化投行队伍，不仅有力地促进了业务的快速开展，也为国内金融改革奠定了扎实基础。

有一大批场外投资者

经过多年的发展，上海股交中心已经培育了一批场外市场投资者，为投资市场逐步走向成熟贡献力量。上海股交中心正引领一大批传统PE投资者改变投资理念，专注于在上海股权托管交易市场投资并获利。

进入了良性循环

上海股交中心的融资、交易等功能通过持续发展和完善，已经在同类市场中处于前列，市场发展已经进入了良性循环。在这里，各方参与者都能够受益，企业在此挂牌能够融到资，投资者拥有一个好的回报。

2.5 江苏股权交易中心

江苏股权交易中心是经江苏省人民政府唯一授权批准设立的区域性股权交易市场，是不以营利为主要目的的公共平台。

◎ 交易中心的经营范围

江苏股权交易中心明确将自身定位在我国多层次资本市场金字塔体系的最基础层次部分，服务对象定位于创新创业型中小微企业。在日常的经营过程中，江苏股权交易中心为企业提供以下几类服务。

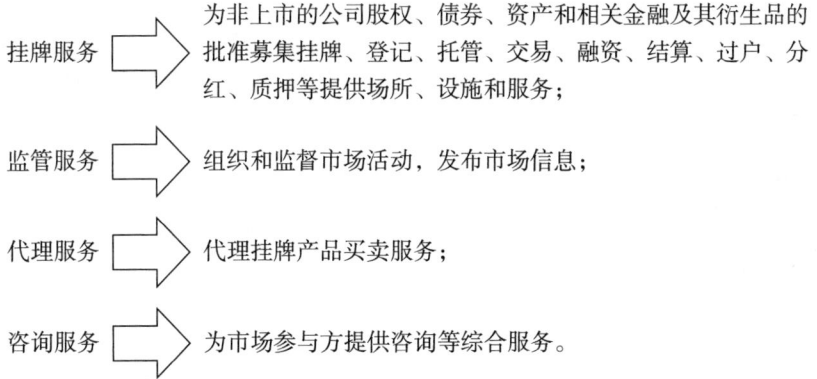

◎ 交易中心的七大功能

通过以上四类业务的长期经营，江苏股权交易中心可以实现以下七大功能。

价格发现功能：
挂牌企业与投资者在中心通过双边报价机制为挂牌公司实现股权（份）转让和股权（份）定向增发等，使挂牌企业价值得以充分反映。

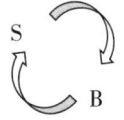
股份转让功能：
挂牌企业的股权（份）可以面向全国的机构与个人投资者进行转让，获得流动性溢价。

定向融资功能：
挂牌企业可在中心通过定向发行股份、债券、金融衍生品等多种金融工具进行融资，拓宽融资渠道，改善融资环境。

规范治理功能：
挂牌企业在申请挂牌时需经主办推荐机构、会计师、律师等专业中介机构辅导规范，并接受推荐机构的持续督导和中心的监管，履行合理信息披露义务，因此公司的治理和运营将得到有效规范。

并购重组功能：
挂牌企业可借助中心通过兼并收购、资产重组等手段加速发展壮大。

转板功能：
江苏股权交易中心积极对接新三板，鼓励挂牌企业向更高的资本市场层次转板。

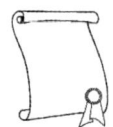
宣传功能：
江苏股权交易中心挂牌企业是在江苏省金融办备案、江苏股权交易中心统一监管的非上市公众公司。交易中心和多家媒体有深度合作，能提升企业形象和认知度，在市场拓展、客户形象、获取政府支持方面皆有诸多助力。

◎ 交易中心的七大特点

作为专门为江苏省中小微企业服务的平台,江苏股权交易中心在日常运作的过程中,坚持了以下几个发展特点。

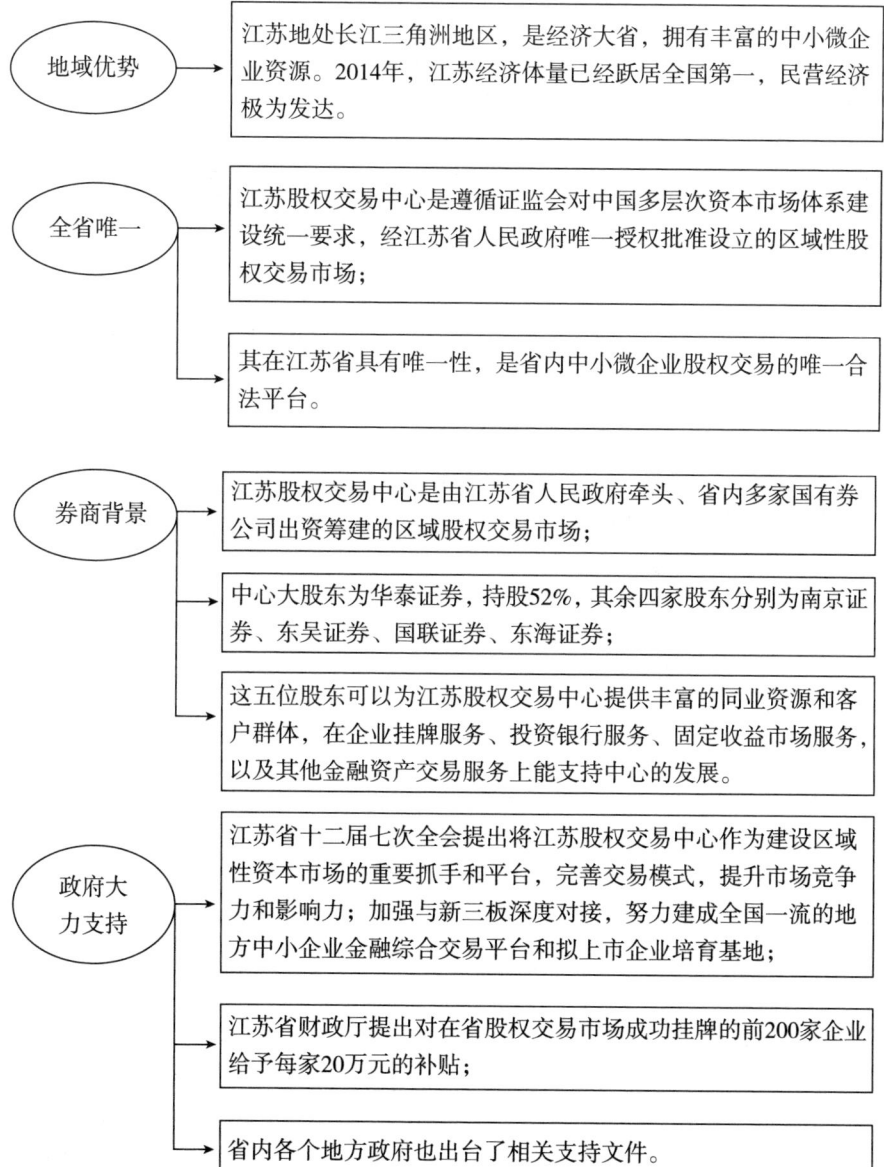

- 业务创新
  - 江苏股权交易中心有经验丰富的企业服务团队，在企业挂牌、股权转让、债权融资等方面进行了积极有效的探索；
  - 中心为了进一步加强金融服务实体，发挥打造区域资本市场基石的作用，先后开展了私募债券备案业务、投资收益权挂牌交易业务、资产管理计划发行备案业务；
  - 中心的服务企业已经覆盖地方政府城投公司、民营企业、银行、信托、基金等各类金融机构。

- 良好的口碑
  - 经过近一年债券业务的发展，中心与阿里、京东、苏宁、国美等互联网电商平台进行了深入合作；
  - 这些互联网平台也在无形中对中心产生了一定的广告效应，极大地提高了中心的市场影响力和口碑。

- 旗下有互联网金融平台
  - 经江苏省人民政府授权省金融办批准，由江苏交易场所登记结算有限公司、江苏股权交易中心有限责任公司共同出资设立了江苏小微企业融资产品交易中心有限责任公司；
  - 小微中心定位于具有政府背景的互联网金融平台，不仅为江苏股权交易中心积累大量的投资者，还通过互联网金融模式为中小微企业对接社会资金，充分发挥直接融资的功能，为挂牌企业提供更多的融资方式。

2.6 广州股权交易中心

广州股权交易中心位于广州金融创新服务区,由广东粤财投资控股有限公司、广州金融控股集团有限公司、广州凯得控股有限公司三家大型国有企业共同出资设立,是经广东省人民政府批准设立的区域性股权交易市场,于 2012 年 8 月 9 日正式开业运营。

◎ **交易中心的专业化服务**

广州股权交易中心的定位是要为区域内各类中小企业提供直接融资与间接融资相结合、长期融资与短期融资相结合的综合金融服务平台,一方面为企业提供挂牌服务,另一方面也为已经挂牌的企业和合格投资者提供股权登记、托管、交易、结算、股权和债权融资等综合金融服务,努力打造资本市场平台和企业成长的摇篮。

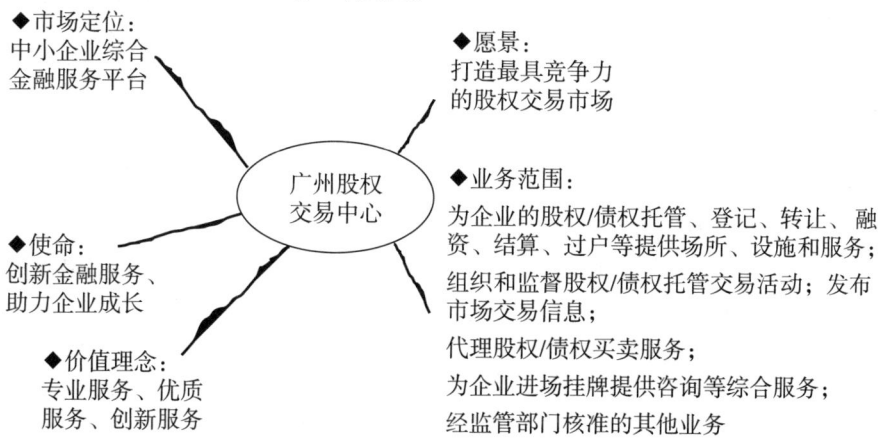

在以上定位的基础上，企业如果选择在广州股权交易中心上市，可以实现企业价值的大幅提升。

 企业价值大幅提升

→ 实现股权增值流动

广州股权交易中心为暂不满足更高层次资本市场上市条件的企业提供了股权挂牌转让平台，挂牌企业可以通过挂牌实现股权的增值流动。

→ 拓宽融资渠道

企业在广州股权交易中心挂牌可以吸引更多优秀的机构和个人投资者关注，提高股权议价能力，通过增资扩股、股权质押融资、发行私募债等方式实现融资目标，增强企业发展后劲。

→ 规范法人治理，预演高层次市场

企业在广州股权交易中心挂牌，有助于其规范法人治理，有效解决企业由小到大发展过程中面临的各种法人治理和经营管理问题，逐步熟悉资本市场运作规则，为今后转板打下坚实的基础。

→ 获得政策扶持，降低上市风险

作为多层次资本市场的重要组成部分，广州股权交易中心是企业分步有序进入更高层次资本市场的培育市场和预备市场。企业挂牌既能获得政府的政策支持，又可以有效避免上市失败造成的巨大财务损失。

→ 展现企业品牌，提升企业形象

企业在广州股权交易中心挂牌，可以获得市场各主体的更多关注，有利于企业展现品牌、提升形象，构建和聚集企业持续发展所需的各类要素资源。

◎ 交易中心的运营原则

通过持续运营的经验积累，广州股权交易中心形成了自己独特的经营宗旨。这个经营宗旨可以用四句话来形容，即"无门槛、有台阶；先挂牌、后收费；不唯利、不冒险；同呼吸、共成长"。

围绕这样的经营宗旨，广州股权交易中心充分发挥珠三角金融改革创新综合试验区的政策优势，紧紧围绕科技型、中小型企业创新发展和培育壮大战略性新兴产业的需要，在市场组织、产品设计、体制机制等多方面进行制度创新和技术创新，形成了鲜明的市场运营特色。这些特色可以概括为以下几个方面。

"无门槛，有台阶"的挂牌企业准入政策

除完成改制的股份有限公司外，具备持续经营能力、完善治理结构的有限责任公司也可挂牌，真正实现了挂牌企业的"无门槛"。同时，广州股权交易中心要求未改制企业开展股权转让、增资扩股、股权质押融资等业务前，应严格按照法律法规及交易双方的约定做好有关前置手续的办理。

"先挂牌、后收费"的商业模式

FOR FREE

为降低企业融资成本和交易成本，广州股权交易中心率先采用"先挂牌、后收费"的商业模式。具体做法是：对挂牌企业不收挂牌费用，挂牌企业在成功融资或股权转让之后，再根据交易金额收取一定的手续费。

直接融资和间接融资的无缝对接

针对很多初创期企业股东普遍惜售股权的特点，广州股权交易中心在市场机制上强化了股权质押业务的设计，整合各类金融资源，为挂牌公司的股权质押业务提供了更为便利的条件。在具体操作上，实现了股权与债权的对接、直接融资和间接融资的对接，以更低成本和更高效率达成融资目标。

拓宽信息发布渠道和投资者开户渠道

广州股权交易中心的交易信息可通过券商会员的发布平台对外发布，大幅拓宽信息发布渠道。

同时，在严格实施投资者适当性管理的前提下，积极探索以银行网点为依托的代理开户业务，为合格投资者办理开户手续提供更为便捷的条件，拓宽合格投资者的开户渠道。

建立健全风险防范机制

广州股权交易中心执行严格的投资者适当性管理制度，参与投资的均为具备一定风险承受能力的合格投资者。

挂牌企业可以进行有限的股权或债权融资，通过灵活多样的方式转让股权，权益持有累计人数严格遵守《公司法》等法律法规及规范性文件规定。

◎ 结构化投融资模式的探索

以上我们已经讲到了，广州股权交易中心通过探索结构化的融资模式，将直接融资和间接融资无缝对接，帮助企业降低融资成本，提高融资效率。

在探索结构化融资模式的过程中，广州股权交易中心充分利用市场化定价机制，不断推出结构化投资融产品和创新交易板块，引导传统金融机构和社会资金共同支持创新创业，支持中小企业融资发展。具有代表性的产品如下：

> "股融通1号"
>
> 广州股权交易中心通过建立股权投资基金与商业银行风险共担的融资服务模式，推出"股融通1号"融资产品，利用区域性股权交易市场和银行的筛选机制，股权投资基金以增信+投资的模式扶植中小企业发展。目前，"股融通1号"中小企业质押型股权融资产品由广州股权交易中心、广州基金与多家合作银行联手打造。中心挂牌企业只需要单纯以其股东持有的一定比例股权作为债权担保，即可委托广州股权交易中心以"股融通1号"产品向合作银行申请贷款。除挂牌企业股东持有的该公司股权外，"股融通1号"对挂牌企业提供其他抵押物不做强制性要求。

◎ 发起金融资产交易中心

除了积极拓展业务范围，推出创新型融资模式外，广州股权交易中心还积极筹备建立了广州金融资产交易中心。

- 2014年4月18日，经过一年多的筹备和项目储备，广州金融资产交易中心正式开业。

- 广州金融资产交易中心是经广州省政府批准，从事金融资产交易及相关业务的专业化金融资产交易场所，纳入广东省金融资产交易市场统一监督管理。

- 广州金融资产交易中心计划注册资本为3亿元，首期由广州股权交易中心出资6000万元先行发起设立，之后视运营情况，在设立后2年内以增资扩股的方式逐步引入国家、省、市大型国企、金融机构参与。

- 中心主要为金融企业的资产以及小额贷款公司、融资性担保公司等相关资产交易提供场所、设施和服务。

广州金融资产交易中心采取会员服务制度，充分发挥互联网金融资产交易功能，在非标性、私募性金融资产交易方面独具创新优势和特点，主要业务范围涵盖金融股权、金融不良资产、地方小贷公司资产收益权、担保资产增信、定向债权投资工具、票据收益权、资产权益流转、投融资顾问服务、类资产证券化产品、跨境人民币业务等各类交易，为各类金融资产提供从备案、登记、托管、交易到结算的全程式服务。

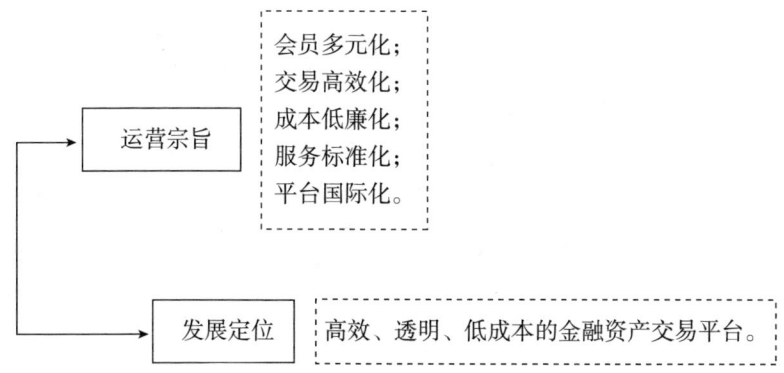

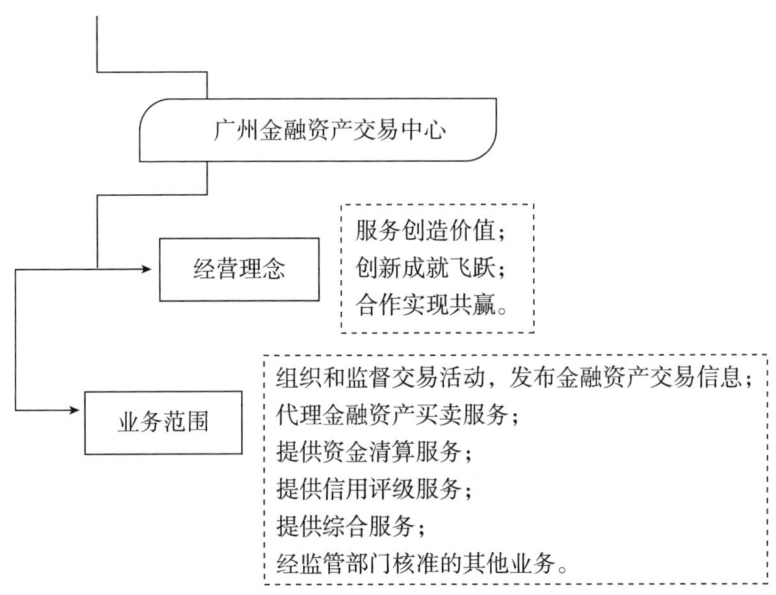

广州金融资产交易中心在发展过程中，为了提供更加优秀的金融资产托管服务，突出了以下几个发展的特点。

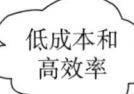 低成本和高效率 — 广州金融资产交易中心在市场组织、产品设计、机制建设等多方面进行制度创新和技术创新，在强化风险防范、切实保护交易当事人合法权益，致力于提供低成本融资产品及高效的融资服务。

提高金融资产流动性 — 中心致力于为中小微企业拓宽融资渠道，为小贷公司等创新型金融机构运行提供重要支撑，重点解决金融资产规模膨胀及流动性不足等问题。

多个平台资源互补 — 作为广州股权交易中心的全资子公司，广州金融资产交易中心将利用广州股权交易中心的挂牌企业、机构会员、人才优势、合格投资者等资源，通过资源整合，优势互补，实现双方的协同效应。

发挥区位优势 — 广州金融资产交易中心充分发挥广州金融机构众多的资源优势和国家中心城市的区位优势，为广东省总量超过17万亿元、全国总量超过150万亿元的金融资产提供合理流动性，提高金融效率，防范金融风险。

第3章

新四板挂牌上市的流程

新四板挂牌的门槛很低,并且挂牌的流程非常简单,不过这并不代表新四板市场就没有门槛。目前,全国众多的区域性股权交易市场对于公司挂牌上市的标准有所区别,流程也不尽相同。就算在同一个市场上,也有可能会分立出各种不同的板块,面向不同的公司服务。

这一章,我们以目前国内规模最大的新四板市场——前海股权交易中心为例,说明公司在新四板挂牌需要的条件、需要提交的资料以及挂牌上市的具体流程。对于拟在其他新四板上市的公司,也可以将这些条件和流程作为一个参照。

3.1 挂牌需要的条件

目前，前海股权交易中心主要有三个模块：标准板、孵化板、海外板。企业在这三个板块挂牌，需要满足不同的标准。

◎ **标准板挂牌条件**

标准板，即最基础的新四板板块。这个板块对挂牌企业的资质有一定要求。具体来说，如果非上市企业存续期满一年，并且满足下列四项标准之一，即可在前海股权交易中心挂牌。

盈利指标	最近12个月的净利润累计不少于300万元。
营业收入和成长指标	最近12个月的营业收入累计不少于2000万元； 或最近24个月的营业收入累计不少于2000万元，且增长率不小于30%。
净资产和营业收入指标	净资产不少于1000万元； 且最近12个月营业收入不少于500万元。
金融机构增信指标	最近12个月银行贷款100万元以上； 或投资机构股权投资达100万元以上。

◎ **孵化板挂牌条件**

孵化板是前海股权交易中心专门为尚处于初创期或者资质较差的小微企业提供上市融资服务的板块。这个板块的上市条件非常宽泛，几乎没有门槛,绝大多数小微企业都可以达到挂牌上市的标准。

具体来说,只要是在中华人民共和国境内依法注册成立并合法存续的公司、企业或其他合法组织,并满足以下要求,均可申请在前海股权交易中心孵化板挂牌。

1	有固定的办公场所;
2	有满足企业正常运作的人员;
3	合法有效的营业执照或其他合法执业证照;
4	不存在重大违法违规行为或被国家相关部门予以严重处罚;
5	企业的董事、监事、经营管理人员不存在《公司法》第一百四十六条所列属的或违反国家其他相关法律法规的情形;
6	本中心认定的其他情形。

《公司法》第一百四十六条规定:

有下列情形之一的,不得担任公司的董事、监事、高级管理人员:

(一)无民事行为能力或者限制民事行为能力;

(二)因贪污、贿赂、侵占财产、挪用财产或者破坏社会主义市场经济秩序,被判处刑罚,执行期满未逾五年,或者因犯罪被剥夺政治权利,执行期满未逾五年;

(三)担任破产清算的公司、企业的董事或者厂长、经理,对该公司、企业的破产负有个人责任的,自该公司、企业破产清算完结之日起未逾三年;

(四)担任因违法被吊销营业执照、责令关闭的公司、企业的法定代表人,并负有个人责任的,自该公司、企业被吊销营业执照之日起未逾三年;

(五)个人所负数额较大的债务到期未清偿。

公司违反前款规定选举、委派董事、监事或者聘任高级管理人员的,该选举、委派或者聘任无效。

董事、监事、高级管理人员在任职期间出现本条第一款所列情形的,公司应当解除其职务。

◎ 海外板挂牌条件

对于申请在前海股权交易中心的海外板挂牌的企业，首先应当满足自成立之日起合法存续满 12 个月。对于其中有限责任公司按原账面净资产值折股整体变更为股份有限公司的，存续时间可从有限责任公司成立之日起计算。

此外，交易中心对企业的财务指标的要求与标准板的挂牌条件类似。企业的财务指标折算成人民币后应满足下列条件之一。

盈利指标	最近12个月的净利润累计不少于300万元。
营业收入和成长指标	最近12个月的营业收入累计不少于2000万元；或最近24个月营业收入累计不少于2000万元，且增长率不少于30%。
净资产和营业收入指标	净资产不少于1000万元； 且最近12个月的营业收入不少于500万元。

3.2 挂牌需要的资料

企业确认自己符合前海股权交易中心的上市标准后，下一步需要向股权交易中心提出挂牌申请。申请的过程中，需要提交各种资料。根据企业申请挂牌的板块不同，需要提交的资料和提交要求也有所区别。

◎ **标准板需要的资料**

企业如果要在标准板挂牌，需要将以下资料按照要求的标准提交。

序号	标准板挂牌资料清单	要求
1	营业执照副本	加盖公章、扫描并上传至中心官网
2	组织机构代码证	加盖公章、扫描并上传至中心官网
3	税务登记证（国税、地税）副本	加盖公章、扫描并上传至中心官网
4	企业法定代表人任职证明与委托书	从中心官网下载模版，签字加盖公章、扫描并上传
5	法定代表人与受托经办人有效身份证明文件	加盖公章、扫描并上传至中心官网
6	最近一月的企业信息查询单（"基本信息页""股东信息页""行政处罚"）	查询单上含打印日期，扫描并上传至中心官网
7	证明企业满足中心"3211"挂牌标准条件的文件（提供其中一项即可）： （1）最近一个会计年度或两个会计年度的审计报告或财务报表。 （2）最近12个月银行贷款达100万元以上的证明文件：贷款或授信合同，或在人民银行征信系统打印出的企业信用报告。	1. 证明文件需加盖公章，扫描并上传至中心官网； 2. 财务报告和审计报告选其一，财务报告需由企业负责人和财务负责人签名并加盖公章

续表

序号	标准板挂牌资料清单	要求
7	（3）最近12个月外部投资机构股权投资达100万元以上的证明文件（A或B提供其一即可）： A. 外部投资机构增资的，请提供验资报告或资金进账单、显示变更前后股东信息的工商查询单或工商变更登记核准文件、投资机构的股东信息查询单； B. 外部投资机构受让股权的，请提供股权转让协议、显示变更前后股东信息的工商查询单或工商变更登记核准文件、投资机构的股东信息查询单	

◎ 孵化板需要的资料

企业如果要在孵化板挂牌，需要将以下资料按照要求的标准提交。

序号	孵化板挂牌资料清单	要求
1	营业执照副本	加盖公章、扫描并上传至中心官网
2	组织机构代码证	
3	税务登记证（国税、地税）副本	
4	企业法定代表人任职证明与委托书	从中心官网下载模版，签字加盖公章、扫描并上传
5	法定代表人与受托经办人有效身份证明文件	加盖公章、扫描并上传至中心官网
6	最近一月的企业信息查询单（"基本信息页""股东信息页""行政处罚"）	查询单上含打印日期，扫描并上传至中心官网
下述为可选项，如提供，将增加相应的标识，标识只能选择其中一种：		
个体工商户	证明企业满足中心挂牌条件的文件（成立满24个月，只需一项即可）： （1）资产评估报告或最近12个月的审计报告或财务报表； （2）企业购销合同； （3）银行贷款证明文件	1. 证明文件需加盖公章，扫描并上传至中心官网； 2. 财务报告和审计报告选其一，财务报告需由企业负责人和财务负责人签名并加盖公章
高新技术产业	有效期限内的知识产权、专利证书的计划项目证明书、立项证明书、国家高新技术企业证书、政府批文等	
众筹创业	合作平台或机构推荐材料（目前仅限于京东或梦想创业园项目）	
政府扶持	有关政府部门出具的证书、批文、立项证明、补贴证明等文件	

◎ **海外板需要的资料**

企业如果要在孵化板挂牌，则需要提交以下资料按照要求的标准提交。

序号	海外板挂牌资料清单
1	注册证书或营业执照同等效力证明文件加盖公章扫描件
2	商业注册局或有关机关出具的关于公司设立的证明文件或同等效力的企业信息查询单扫描件（包含企业名称、成立日期、法定代表人、股东持股结构等）
3	企业出具的财务报告（需公司盖章承诺）或会计师出具的审计报告（附中文译文，并以中文文本为准）扫描件
4	法定代表人或主持经营者任职证明与授权委托书加盖公章扫描件
5	法定代表人或主持经营者身份证明文件加盖公章扫描件
6	受托经办人身份证明文件加盖公章扫描件

3.3 挂牌上市的流程

企业要想在新四板上市,就需要按照一定的流程来进行操作。如果企业的资料完备,那么整个挂牌的过程在7个工作日内就可以完成。

以前海股权交易中心为例,企业挂牌上市需要经过的流程如下所示。

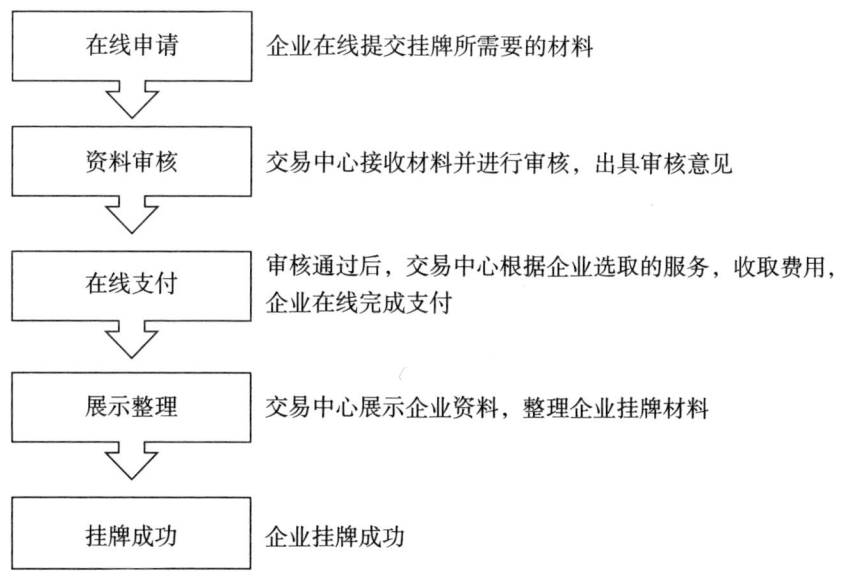

◎ **在线申请**

企业如果要在前海股权交易中心挂牌上市,需要先到前海股权交易中心的网站(www.qhee.com)上,填写企业名称、组织机构代码等相应的信息,然后再注册一个账户,获取企业的用户名和密码。

| 邮箱注册 | 手机号码注册 |

手机号码：　[　　　　　]　免费获取验证码

验证码：　[　　　　　]

登录密码：　[　　　　　　　　　]

确认密码：　[　　　　　　　　　]

推荐人：　[请输入推荐人手机号码　]

用户类型：　　企业　　个人投资者

企业名称：　[请输入企业名称　　　]

社会信用代码/组织机构代码：　[社会信用代码或组织机构代码]
请准确填写，如填写有误，将会影响后续企业挂牌等业务

注册即代表我同意网站服务协议

[　注册　]

已是网站注册用户？登录

注册用户后，企业凭户名或密码登录前海股权交易中心网站，就可以根据网站提示提交各种电子版申请文件，并填报需展示的企业信息。

◎ 资料审核

交易中心收到资料后，首先会由受理部门核对材料的完备性。如果资料完备，系统就会确认接受，如果不完备，则需要企业重新进行提交。

受理部门确认备案材料完备且无争议后，就会将材料提交给交易中心的备案委员会。委员会经过审核后，如果认为企业符合交易中心挂牌的条

件，就会出具《接受融资挂牌备案通知书》。

企业收到此通知书后，需要将全套书面申请文件报送至股权交易中心。

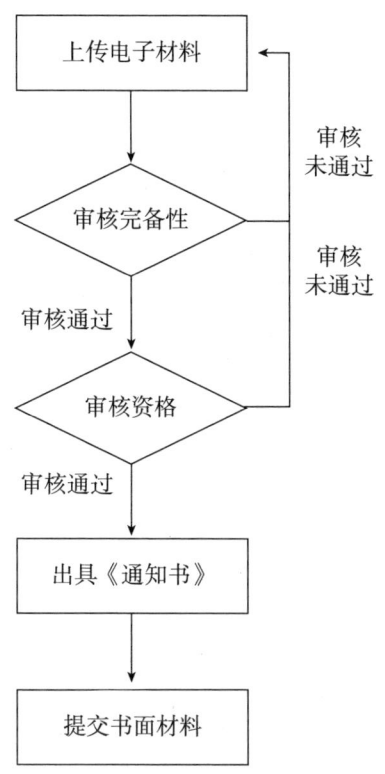

◎ 在线支付

企业在前海股权交易中心上市的过程中，如果选择了挂牌辅导、授牌仪式、传播服务、全景展示等服务，则需要向前海股权交易中心支付一定的费用。这些费用都需要在上市时统一在线缴纳。

根据2016年初的收费标准，前海股权交易中心提供的增值服务及价格如下所示：

服务名称		服务内容	服务价格
挂牌辅导		协助企业完成在前海股权交易中心提交材料和挂牌上市的全过程	80000元
授牌仪式		为中心挂牌企业提供获得资本市场关注的机会，开启资本市场大门；为企业正式踏入资本大门提供宣传、推广，祝贺企业成功挂牌。具体内容包括以下几项： 尊享顾问"一对一"辅导挂牌； 百企汇聚，鸣锣宣誓，参加授牌典礼； 中心自媒体宣传，传播企业品牌； 邀请嘉宾观礼，共同见证企业荣耀时刻。	30000元
	（可选）企业宣讲	10分钟挂牌企业宣讲，内容可以为挂牌感言、企业介绍、与中心合作愿景等	20000元
	（可选）独家挂牌公告-A	《中国证券报》头版"挂牌公示"	24000元
	（可选）独家挂牌公告-B	《中国证券报》头版"挂牌公示"	48000元
	（可选）企业风采展示	挂牌企业以静态/动态的形式进行企业风采展示，若提供宣传片素材，时长不超过3分钟	5000元
整合传播	中国证券报公示	二版公示： 二版黑白，1/32版 6.4cm（宽）×7.3cm（高）挂牌企业独家公示	6000元
		头版公示： A叠头版全彩 1/32版 9.6cm（宽）×4.5cm（高）挂牌企业独家公示	24000元
		头版公示： A叠头版全彩 1/16版 9.6cm（宽）×9.5cm（高）挂牌企业独家公示	48000元
	深圳地铁拉手广告	罗宝线（1号线）、蛇口线（2号线）、龙华线（4号线）、环中线（5号线）地铁拉手广告，广告规格：165mm×111mm或210.5mm×149.5mm	32888元
	企业宣传片拍摄	素材整理、素材粗剪、素材精剪、音乐合成（不包含音乐版权）、片名合成	26000元
		素材拍摄1天（拍摄设备：小高清或5D）、素材粗剪、素材精剪、音乐合成（不包含音乐版权）、片名合成、画面小包装合成	60000元
		文案策划、素材拍摄2天、素材粗剪、素材精剪、音乐合成（不包含音乐版权）、片名合成、画面包装合成（包含特殊包装）	100000元

续表

服务名称	服务内容	服务价格
全景展示	谷歌街景式的企业展示 让世界走近您 让投资人身临其境：展示生产线、办公场地及设备等硬实力，让投资人和客户仿佛置身现场考察企业； 把企业带在身边：随时随地通过电脑、手机向投资人和客户展示企业实景	36888 元
	服务套餐：各基础采集点及后期制作；路演报告、企业宣传视频及图片嵌入；1 年托管、1 年 500M 多媒体空间	
	服务流程： 1. 企业顾问前期需求沟通，挖掘企业亮点，确定展示宣传方案； 2. 采集人员至企业布置采集现场，完成全景采集； 3. 收集企业宣传视频、图片及文字等宣传资料，完成后期制作； 4. 上传至中心服务器，提供展示链接，企业可应用在网站、手机等各种场景展示	

◎ **展示整理**

企业的书面申请文件通过前海股权交易中心校验确认，并且支付相关费用后，前海股权交易中心与企业签署《企业挂牌服务协议》。

随后，前海股权交易中心确定挂牌企业的代码，安排企业挂牌展示，并为其提供信息展示服务。

◎ **挂牌成功**

以上所有工作完成后，企业就成了前海股权交易中心的挂牌企业。

第4章

新四板的企业服务

目前我国地域性股权交易所或者交易中心有几十家。这些交易中心之间存在一定的竞争关系。为了吸引更多优秀的企业到自己的交易中心上市,他们会竞相为企业提供各种各样的增值服务。

对于想在新四板上市的企业来说,有必要在上市之前了解自己可以在交易中心获得的增值服务。以下资料根据前海股权交易中心和北京股权交易中心提供的服务内容综合整理,可以代表目前我国新四板市场提供服务的整体情况。

4.1 登记托管服务

登记托管服务即企业可以在股权交易中心登记股份、私募债券,并且将已发行股份和私募债券托管在股权交易中心的业务。

◎ 登记托管的服务内容

通过登记托管服务,企业可以通过股权交易中心办理股份、私募债券的转让和结算,还可以办理送股、转增或派息等权益派发等业务。

以北京股权交易中心为例,根据《北京股权交易中心登记结算业务规则(试行)》《北京股权交易中心私募债业务管理规则(试行)》《北京股权交易中心私募债登记结算业务细则(试行)》等相关规定,北京股权交易中心可以为北京市非上市企业的股权、债权和其他权益类产品,提供专业、便捷、安全的登记、托管、结算服务,具体包括但不限于以下方面:

| 初始登记 | 股份、私募债券的初始登记； |

| 变更 | 股份、私募债券的变更登记； |

| 转让 | 通过股权交易中心办理股份、私募债券转让所涉及的证券和资金的结算； |

| 分红 | 送股、转增或派息等权益派发； |

| 证明 | 向公司提供股东名册，向投资者出具所持股份权属证明，向私募债券发行人提供私募债券持有人名册； |

| 查询 | 为公司、投资者、司法机关及其他相关利益主体提供信息查询服务； |

| 退出登记 | 办理股份退出登记，具体是指公司因为合并、分立、解散、破产等原因丧失法人资格，经相关部门审核批准将在境内外其他证券交易场所上市或挂牌，或登记托管合同期满且不再续办时在本中心注销公司股份登记的行为。 |

◎ 登记托管的好处

企业将股份或者债券托管在股权交易中心，可以获得以下几个明显的好处。

确认股东权益

公司的股份托管后，股权交易中心会对公司提交材料进行严格审核并确认股东权利。这种经公正第三方的确权行为是保护股东权益、完善公司治理结构、开展资本活动不可或缺的前提条件。

第4章 新四板的企业服务

更加具有公信力

股权交易中心提供的股权登记服务是一种为保障股东权益的公信服务。

公司办理股份登记托管后,可以以具有公信力的第三方名义,为股东出具权属证明,提供经见证的股东名册,使股东名册更加具有公信力,提高公司管理股份可信度,保护股东合法权益。

容易办理股权质押贷款

股权质押贷款是公司重要的融资途径。公司将股份托管在股权交易中心后,可以更加方便地办理股权质押贷款。股权交易中心会为公司提供代办相关工商登记手续、引荐资金提供方(如商业银行等)及其他服务机构(如信用评级机构)等服务。

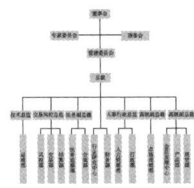

规范公司治理

通过股权交易中心提供的专业化、规范化服务,公司可以摆脱股权管理事务,降低管理费用,促进现代企业制度的建立和管理水平提高。

这些都将为公司未来上市积累经验,创造条件。

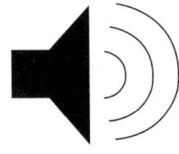

扩大公司知名度

股份登记托管后,公司可以享受在股权交易中心挂牌展示的服务。此外,公司还可以依靠股权交易中心提供的交易平台、展示平台发布信息,增强公司的透明度,宣传和扩大公司知名度,增强公司的自身价值,为股权融资和流动创造条件。

拓宽投融资渠道

依托股权交易中心强大的平台,可以为投资人提供债券、股权等多种投资产品,促进债券、股权有序流动,协助公司引入战略投资者。

享受专业化服务

目前,北京股权交易中心不仅股份登记托管业务全部免费,还免费协助已托管公司办理工商登记手续(如变更法定代表人、住所等)。

◎ 登记托管的办理

公司要将股份或者债券托管在股权交易中心,需要办理的业务主要是初始登记和变更登记两种。我们以北京股权交易中心的业务办理流程为例,说明公司在股权交易中心办理这两类业务的基本流程。其他股权交易中心的业务办理流程与此大同小异。

登记托管的初始登记

网上注册登记	登录本中心网站(www.bjotc.cn),进入业务系统,注册用户名并设置密码。按提示录入营业执照注册号及法定代表人证件号码。
↓	
填写初始登记信息	■点击"企业初始登记"。 ■阅读并"同意"《股份托管协议书》。 ■录入"公司基础信息""联系人信息"和"股东情况"。 ■确认应准备资料清单,并打"√",点击提交。
↓	
查收告知邮件	股权交易中心将以邮件形式告知信息录入是否通过审核。 ■如邮件告知通过审核,点击"相关附件打印"打印下载相关资料,准备临柜办理本中心柜员审核; ■如未通过审核,经办人需根据退回原因,修改录入的信息。

| 打印资料 | 公司临柜办理中心柜员审核时，需打印如下资料：
1）公司基础信息表；
2）股份初始登记申请表；
3）股份托管协议书（一式二份）；
4）董事、监事、高级管理人员、发起人及股东股份限制转让申报表；
5）法定代表人对指定经办人的授权委托书；
6）股东名册（一份）。
此时需要注意两点：
■以上全部资料需加盖公司公章（多页需加盖骑缝章）；
■法定代表人在《股份初始登记申请表》上签字视同该公司权利机构、董事会同意公司股份在本中心进行登记托管。 |
| 临柜办理中心柜员审核 | 携带打印的相关附件及营业执照复印件、经办人有效身份证件复印件前往本中心临柜办理中心柜员审核。 |

对于已经办理完成登记托管的企业，当托管的股份发生变动时，应该在交易中心办理股份变更登记。需要办理变更登记的情况包括以下几种。

1	通过北京股权交易中心（以下简称本中心）柜台办理的协议转让；
2	相关法律、行政法规及本中心业务规则规定的其他情形（包括但不限于继承、遗赠、财产分割、法人合并、分立或因解散、破产、被依法责令关闭等原因丧失法人资格、司法扣划等）；
3	股份收购；
4	注册资本变更。

对于因为不同原因导致的股份变化，企业在办理变更登记时需要提供的材料也有所不同。具体来说，应该包括以下几种情况。

股份变更原因	办理变更业务需要提交的材料
协议转让 ⇨	1）股份转让协议正本*；
	2）受让方为自然人的,提交身份证明复印件；企业法人的,提交营业执照复印件；其他法人的,提交法人证书复印件（加盖公章）；
	3）委托他人办理的,需提交以下一种授权证明材料： ■ 转让双方签字的授权委托书原件、出让方股东卡原件或身份证明（资格证明）复印件； ■ 股份所在公司盖章的授权委托书原件。
继承、遗赠 ⇨	1）遗产归属的法律文书（如继承公证书**或经公证的遗赠扶养协议、已生效的法院调解书、司法判决书),法律文书应注明被继承人的姓名及身份证号码；
	2）继承人的有效身份证明复印件。
法人资格丧失 ⇨	1）股份归属证明文件***；
	2）法人资格丧失的证明文件（如工商局出具的企业注销通知等）：
	3）继承方的合法资格证明复印件（属于自然人的由本人签字,属于法人的加盖法人公章）。

在以上证明材料中,有几个地方是需要我们特别注意的。

*办理未实缴完成股份的转让,受让人须填写提交《股份转让风险提示书》,确认自行承担相应风险。

其中,受让人为自然人的,须亲临柜台办理相关业务；受让人为法人单位的,须提交法定代表人签字,加盖单位公章的《股份转让风险提示书》。

**继承公证书应符合《继承法》《婚姻法》等法律法规的规定，并注意下列问题：

1）如被继承人股东账户内的股份属于夫妻共同财产，继承涉及的股份只能是属于被继承人的部分，属于其配偶的部分应先过户至其配偶名下；

2）如存在多个继承人，部分继承人可以放弃继承，相关股份由其他继承人继承；

3）如继承人是未成年人，需将继承的股份过户至其法定监护人名下的，应在继承公证书中明确说明。

***股份归属证明文件应当符合下列要求：法人因合并、分立及解散、破产、被依法责令关闭等发生股份转让的，

1）成立清算组的应提交清算组（负责人）签署的股份转让协议，公司制企业还应提交工商部门出具的《备案通知书》；

2）未成立清算组的应提交经公证的股份归属证明文件（应对文件的真实性和合法性进行公证，公证内容包括但不限于受让方与原股份持有人的名称、姓名、营业执照号码、个人身份证明号码、原股份持有人的股东账户、原股份持有人的注销情况，债权债务及资产的承继关系、股份变更原因、股份的归属等）或者人民法院出具的明确股份归属的生效法律文书。

◎ **登记托管的注意事项**

在北京股权交易中心办理股权登记的过程中，还有以下几个事项是公司需要注意的。

挂牌周期

企业在交易中心网站的业务系统完成信息录入后，携必备材料到本中心临柜进行中心柜员审核及复审。在材料齐备的情况下，当日即可完成初始登记的办理。

信息公开

公司提交的信息中，以下部分会向特定的目标公开。
一、公司自己可以在交易中心查询公司的股东及股份持有情况；《公司查询申请表》《查询授权委托书》；
二、股东可以查询其自有股份的变更情况、分红情况及公司的相关情况；
三、司法机关及其他部门依照法定的条件和程序可进行查询。

收费

对于非上市股份有限公司、有限公司的股份（股权）托管服务，北京股权交易中心暂时不收费。

授权

公司到股权交易中心申请办理股份托管初始登记，需要由公司法定代表人授权。关于是否需要召开董事会或者股东大会，公司可根据自身的章程确定。

4.2 挂牌交易服务

挂牌交易服务是股权交易中心为公司提供的最核心的服务。之前我们已经讲过很多关于挂牌交易服务的内容，这里我们以北京股权交易中心挂牌的相关规定为例，系统地说明交易中心提供的挂牌交易服务。

◎ **挂牌交易的服务内容**

企业挂牌是指符合挂牌条件的企业申请在股权交易中心挂牌的行为。通过挂牌，企业可以直接获得的服务主要有三个方面：企业展示，股权交易，私募融资。

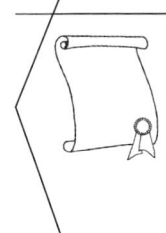

企业展示

挂牌后，企业可以通过交易中心全面、充分地向广大机构投资者和高净值个人投资者展示企业自身竞争优势和投资亮点，提升品牌价值，拓宽融资渠道。
一方面，企业可以按照中心业务规则，进行正常信息披露；
另一方面，企业还可以结合自身情况，以"企业自述"等较为灵活的形式，阐释企业的竞争优势、产品与服务、行业发展状况、管理团队、发展规划及融资需求等信息，从而充分展示企业投资价值，直接吸引投资。
交易中心鼓励挂牌企业充分、全面、客观地展示信息。

股权交易
股权交易中心经政府批准设立。挂牌企业的股权可以在交易中心进行合法的买卖转让。

私募融资
在交易中心挂牌交易的企业，可以面向广大投资者进行包括私募股权融资和私募债券融资在内的多种融资。

◎ 挂牌交易的好处

通过在股权交易中心挂牌，企业可以获得很多方面的好处，概括起来可以归纳为"四个增值"，即"品牌增值、资本增值、企业增值、财富增值"。

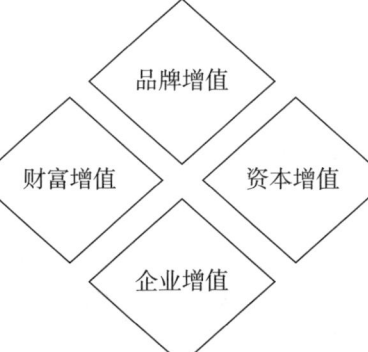

通过挂牌，充分展示企业的竞争优势，实现企业品牌增值。

通过挂牌，企业的整体价值得到提升，进而实现股东的财富增值。

通过挂牌，吸引投资者促成企业融资，实现企业用于发展的资本增值。

通过挂牌，企业股权得以流通，企业价值得以重估，实现企业增值。

◎ 挂牌交易应满足的条件

无论股份有限公司还是有限责任公司，只要经过中心认可的推荐机构推荐，就可以在北京股权交易中心挂牌。对于这两类不同的企业，交易中心也制定了不同的上市标准。

股份有限公司在北京股权交易中心挂牌的条件

存续期	存续一个完整的会计年度以上。有限责任公司按原账面净资产值折股整体变更为股份有限公司的，存续期间可以从有限责任公司成立之日起计算；
盈利	业务明确，具备持续经营能力；
公司结构	公司治理结构健全，运作规范；
股份发行	股份发行和历次变动合法合规；
其他	中心要求的其他条件。

有限责任公司在北京股权交易中心挂牌的条件

存续期	合法设立并存续；
盈利	具备持续经营能力；
其他	中心要求的其他条件。

◎ 挂牌交易的基本步骤

企业要想在北京股权交易中心挂牌，需要由经过交易中心认定的推荐机构进行推荐。具体的挂牌步骤包括以下七步：

召开股东大会　申请挂牌企业召开董事会和股东大会就挂牌事项作出决议；

 委托推荐机构　申请挂牌企业委托推荐机构会员进行推荐服务，并聘请具有会员资格的会计师、律师事务所提供专业服务；

 尽职调查　由推荐机构会员对申请挂牌企业开展尽职调查工作；

 提交申请材料　推荐机构会员向北京股权交易中心提交备案申请材料；

 审核材料　北京股权交易中心对拟挂牌企业进行挂牌备案材料形式审核：材料预审和专家审核两部分；

 签订协议　签订挂牌协议、托管协议等；

挂牌上市　北京股权交易中心提供登记、托管、挂牌服务并报主管部门备案。

◎ 挂牌交易的时间周期

企业在北京股权交易中心挂牌上市的每一步都需要一定的时间周期。在具体业务办理过程中，每项业务需要的时间周期如下所示。

股改	视其复杂程度，一般为2~4个月；
尽职调查	一般为1~2个月；
推荐材料准备	一般与尽职调查同步完成；
中心预审	中心在10个工作日内出具是否受理的书面反馈意见；
专家委员会审核	专家审核委员会在受理之日起30个工作日内完成审核；
挂牌通知	挂牌企业材料审核通过，中心出具挂牌确认函；
挂牌准备预披露	签订各项协议、挂牌前3个工作日披露公告相关挂牌信息及完成其他准备。

◎ **挂牌交易的费用**

企业在北京股权交易所挂牌的基础性服务不需要支付费用。但在挂牌上市过程中，需要支付给推荐机构和其他中介机构一定的费用，具体包括以下几类。

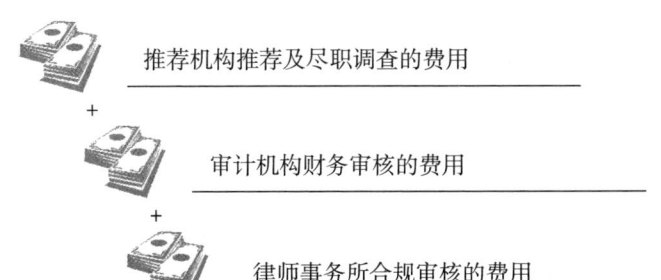

◎ 孵化板挂牌的其他规定

企业在北京股权交易中心挂牌上市，除了选择基础板外，还可以选择到孵化板上市。孵化板比基础板的上市门槛更低，更加适合初创期或者资质较差的小微企业登陆挂牌。

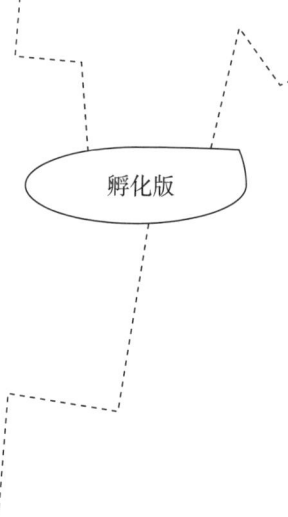

企业挂牌条件：
1. 在北京区域内合法注册存续的企业；
2. 承诺所展示信息真实、准确和完整。

企业挂牌的好处：
1. 北京四板市场孵化板是企业进入多层次资本市场的第一步；
2. 是企业宣传品牌增值的有效手段。企业挂牌后，可以通过股权交易中心的平台全面、充分地展示推介企业自身的竞争优势和投资亮点，进而提升企业形象，获得更多市场主体的关注，发掘更多融资机会；
3. 可以享受股权交易中心提供的财务、改制、融资、公司治理、资本运作等全方位的咨询及培训服务。

企业申请挂牌的流程：

1.下载并填写《北京四板市场孵化板挂牌企业信息表》（加盖公章）及《北京四板市场孵化板挂牌企业申请材料审核表》。

2.将《北京四板市场孵化板挂牌企业信息表》电子版发送给交易中心。

3.将以下三份材料邮寄到北京股权交易中心：
■《北京四板市场孵化板挂牌企业申请材料审核表》；
■ 企业营业执照副本复印件（加盖公章）；
■《北京四板市场孵化板挂牌企业信息表》（加盖公章）。

4.由股权交易中心审核企业提交的材料。若材料审核无误，将自收到材料之日起15个工作日内将《北京四板市场孵化板挂牌企业信息表》披露在股权交易中心的官网上。

4.3 企业展示服务

企业在新四板上市，除了可以让自己的股权上市交易外，还可以获得全面的企业展示服务。为企业提供挂牌展示服务也是新四板市场的一个重要特色，本节以前海股权交易中心为例进行介绍。

◎ 授牌仪式展示

授牌仪式可以集中传播企业在前海股权交易所上市的信息，快速提高企业的知名度。以授牌仪式为核心，前海股权交易中心提供了一系列的服务。

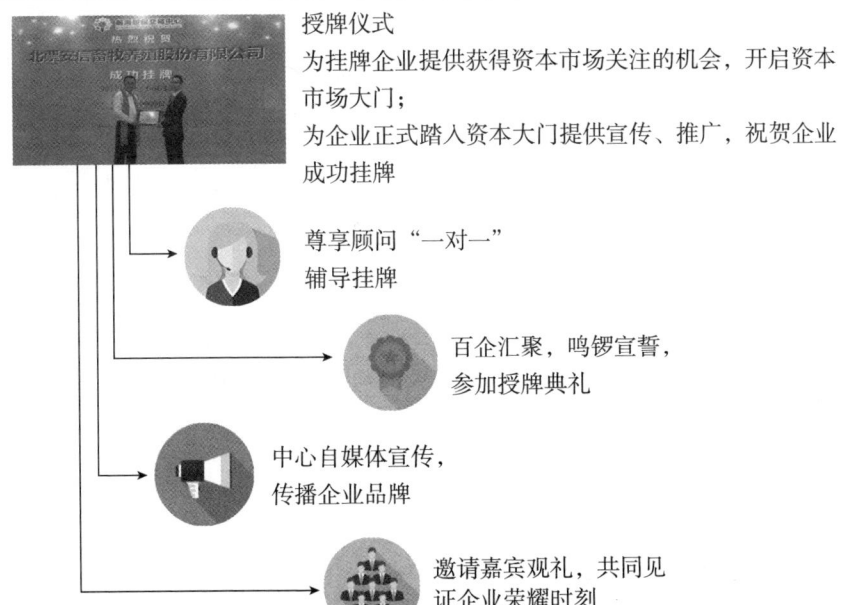

授牌仪式
为挂牌企业提供获得资本市场关注的机会，开启资本市场大门；
为企业正式踏入资本大门提供宣传、推广，祝贺企业成功挂牌

尊享顾问"一对一"
辅导挂牌

百企汇聚，鸣锣宣誓，
参加授牌典礼

中心自媒体宣传，
传播企业品牌

邀请嘉宾观礼，共同见证企业荣耀时刻

如果企业觉得以上一系列服务还不能满足宣传的需要，前海股权交易中心还为上市的企业提供了多种增值服务。

10分钟挂牌企业宣讲，内容可以为挂牌感言、企业介绍、与中心合作愿景等

《中国证券报》头版"挂牌公示"

公示尺寸
A叠头版全彩，1/32版
9.6cm（宽）×4.5cm（高）

《中国证券报》头版"挂牌公示"

公示尺寸
A叠头版全彩，1/16版
9.6cm（宽）×9.5cm（高）

挂牌企业以静态/动态的形式进行企业风采展示，若提供宣传片素材，时长不超过3分钟

企业如果需要以上这些服务，可以直接在前海股权交易中心的网站上提出申请，交易中心将在1个工作日进行反馈。具体的操作流程如下所示。

在线申报 → 申报确认 → 支付 → 专人对接 → 出席仪式

◎ **整合传播展示**

企业挂牌上市后，前海股权交易中心会利用强大的传播渠道，为公司提供整合传播的服务，迅速提升企业关注度。前海股权交易中心提供的整合传播服务主要有中国证券报公示、深圳地铁广告及企业宣传片拍摄三种。

 中国证券报公示

- 二版公示
  二版黑白,1/32版
  6.4cm(宽)×7.3cm(高)
  挂牌企业独家公示
  ￥6000

- 头版公示
  A叠头版全彩1/32版
  9.6cm(宽)×4.5cm(高)
  挂牌企业独家公示
  ￥24000

- 头版公示
  A叠头版全彩1/16版
  9.6cm(宽)×9.5cm(高)
  挂牌企业独家公示
  ￥48000

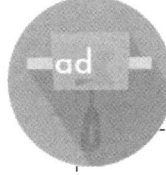 深圳地铁广告

《罗宝线（1号线）、蛇口线（2号线）、龙华线（4号线）、环中线（5号线）》
地铁拉手广告，广告规格：165mm×111mm或210.5mm×149.5mm

企业宣传片拍摄

中心协助企业拍摄5分钟宣传片，并在中心自媒体平台发布

内容	内容	内容
素材整理、素材粗剪、素材精剪、音乐合成（不包含音乐版权）、片名合成	素材拍摄1天（拍摄设备：小高清或5D）、素材粗剪、素材精剪、音乐合成（不包含音乐版权）、片名合成、画面小包装合成	方案策划、素材拍摄两天、素材粗剪、素材精剪、音乐合成（不包含音乐版权）、片名合成、画面包装合成（包含特殊包装）
￥26000	￥60000	￥100000

企业如果需要整合传播展示服务，可以按照以下几步流程进行操作。

在线申请 → 在线支付 → 方案设计 → 现场采集 → 后期制作 → 媒体展示

◎ 企业全景展示

前海股权交易中心还为公司提供谷歌街景式的企业展示。这种展示的价值体现在两个方面。

首先，可以让投资人和客户体会身临其境的感觉，仿佛置身于现场考察企业的生产线、办公场地及设备等硬实力。

其次，可以让企业的管理人员如同把企业带在身边一样，随时随地通过电脑、手机向投资人和客户展示企业实景。

企业的全景展示案例如下图所示。

企业办公楼
实景展示

企业中庭
实景展示

企业厂区
实景展示

企业车间
实景展示

企业全景展示服务的详细内容如下所示。

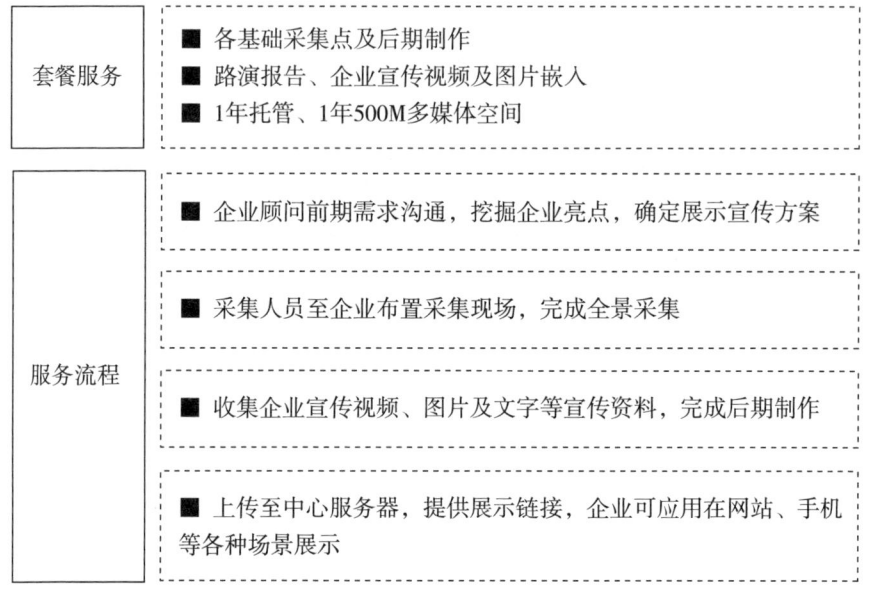

企业如果需要前海股权交易中心提供的企业展示服务，则可以通过以下流程来进行操作。

在线申请 → 在线支付 → 方案设计 → 现场采集 → 后期制作 → 上线展示

4.4 企业融资服务（北京）

在新四板市场，企业除了可以挂牌上市外，如果需要资金，还可以利用交易所提供的渠道来进行融资。

以北京股权交易中心为例，企业在北京股权交易中心可以获得私募股权融资、私募债权融资等不同的融资服务。

◎ **企业在新四板融资的优势**

北京股权交易中心属于私募市场。与沪深主板、中小板、创业板等公募市场不同，企业在北京股权交易中心进行融资，不需要面向社会公众，因此在融资环境上要更加宽松。这种宽松的融资环境主要表现在两个方面。

	传统公募市场	北京股权交易中心
审批环节更加简单	企业在公募市场上市融资，需要经过证监会和其他主管机关的层层审批。	企业只需要相关文件齐备并报北京股权交易中心备案即可。
信息不需要公开披露	企业上市时，需要向社会公众进行充分的信息披露。	只需要向股东定向披露，因此能够有效地保护商业机密。

在美国，类似北京股权交易中心这种私募融资市场已经较为成熟，市场规模非常庞大。我们可以通过下面这张图了解美国的私募融资市场。

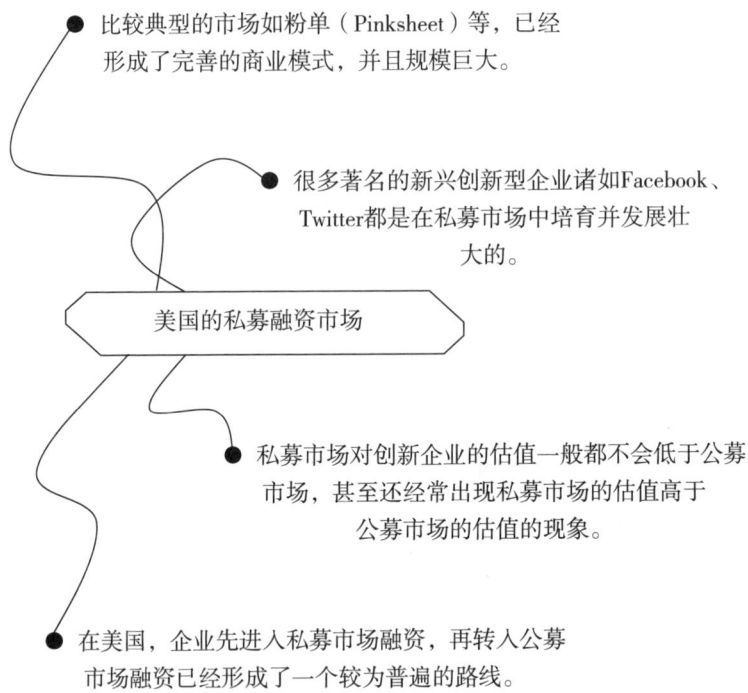

◎ 股权融资和债权融资的区别

企业在新四板融资的方式主要有股权融资和债权融资两种。

股权融资是指企业的所有者将企业的部分所有权放入资本市场进行出售，并通过增资的方式引进新的股东的融资方式。股权融资所获得的资金，企业无须还本付息，但新股东将与原股东同样分享企业的盈利与增长。

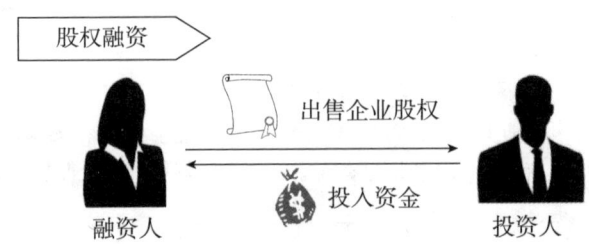

日常运作过程中：

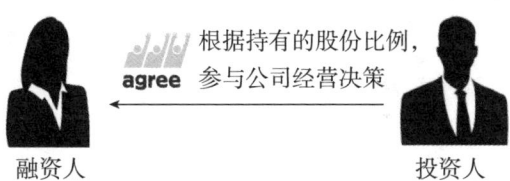

每年或者每半年：

公司破产时：

债权融资是指企业通过借贷的方式进行融资，并且要定期地支付利息及还本。由于债权融资获得的资金是有期限的，因此必须在约定的时间内归还本金，并且还要支付一定的利息，即占用他人资金的成本。但债权人对企业没有决策权，对利息也没有享有权。

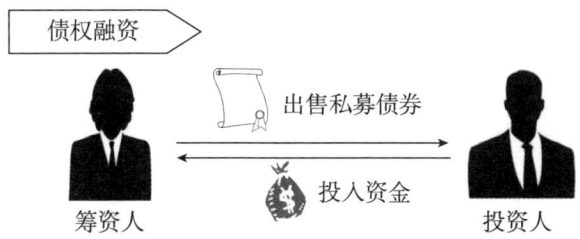

日常运作过程中：

到期后：

对于企业来说，进行股权融资和债权融资各有优劣。具体两者的区别如下所示。

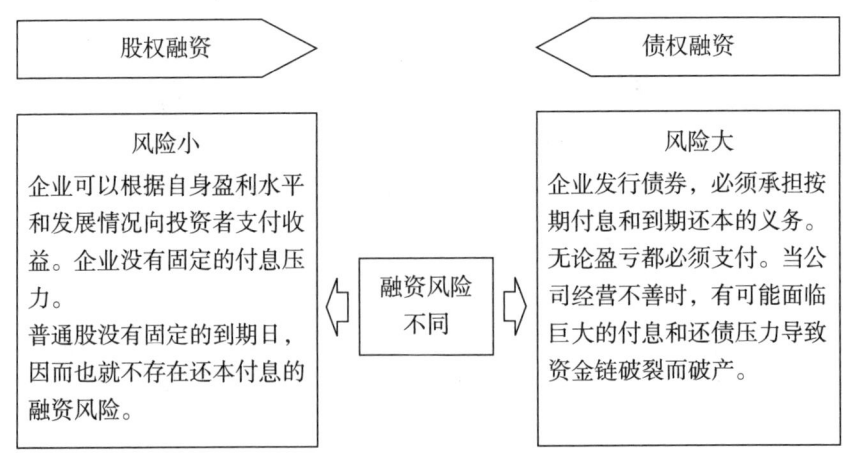

成本高 从投资者的角度讲，投资于企业股权的风险较高，因此会要求更高的投资报酬率做补偿。企业的股利从税后利润中支付，不具备抵税作用。股票的发行手续较复杂，费用一般也高于债券。	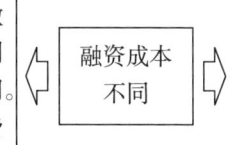融资成本不同	成本低 从投资者的角度讲，投资债权的收益确定、风险较低，因此要求的投资报酬率较低。企业的债务性资金的利息费用在税前列支，具有抵税的作用。 债权的发行手续更简单，费用一般也要低于股票。
削弱控制权 股权融资会降低现有股东对公司的持股比例。投资人持有公司股票后，就有了参与公司决策的权利，因此会削弱现有股东的控制权。	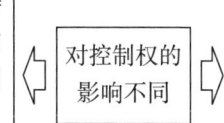对控制权的影响不同	不影响控制权 债券融资不会削减股东对企业的控制权力。
提供更强的支持 股权融资不仅可以获得资金，还可以获得新的投资者。新投资者的进入可以提高企业声誉，使企业获得很多资金以外的支持。	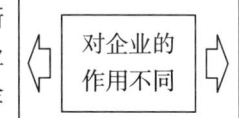对企业的作用不同	提供更高杠杆收益 无论企业盈利多少，其通过发行债权融资的成本都是固定的。当企业盈利增加时，企业发行债券可以获得更大的资本杠杆收益。

◎ 私募股权融资的条件和程序

北京股权交易中心对于私募融资的原则是"不审批、只备案"，因此只要文件材料齐备，完成备案，即可完成融资，并不需要审批。

即使如此，对于希望在北京股权交易中心进行股权融资的企业，仍需要满足以下几个基本的条件。

信息披露	规范履行信息披露义务；
审计报告	最近一年财务报表未被注册会计师出具保留意见、否定意见或无法表示意见的审计报告；
公司权益	不存在挂牌公司权益被控股股东或实际控制人严重损害且尚未消除的情形；
管理人义务	现任董事、监事及高级管理人员对企业勤勉尽职地履行义务，不存在尚未消除的损害挂牌公司利益的情形；
其他	不存在其他尚未消除的严重损害股东合法权益和社会公共利益的情形。

确认满足以上的条件后，公司需要联系一家被北京股权交易中心认可的推荐机构，并在推荐机构的辅助下完成上市过程。具体操作过程如下：

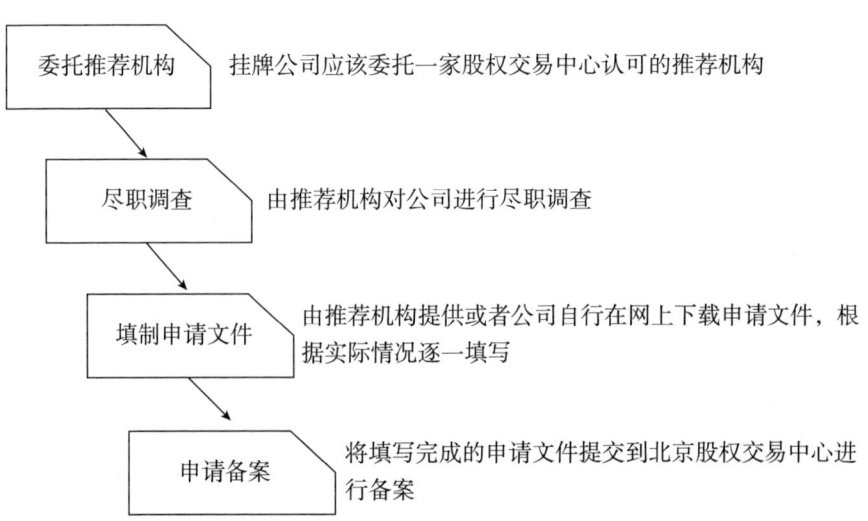

委托推荐机构	挂牌公司应该委托一家股权交易中心认可的推荐机构
尽职调查	由推荐机构对公司进行尽职调查
填制申请文件	由推荐机构提供或者公司自行在网上下载申请文件，根据实际情况逐一填写
申请备案	将填写完成的申请文件提交到北京股权交易中心进行备案

具体挂牌过程中，公司如果有疑问，可以在北京股权交易中心的网站

上查看《北京股权交易中心挂牌公司定向增资业务细则（试行）》。

◎ **私募债权融资的条件和程序**

对于想要在北京股权交易中心进行债权融资的企业，同样应该具备一些基本条件。具体如下所示。

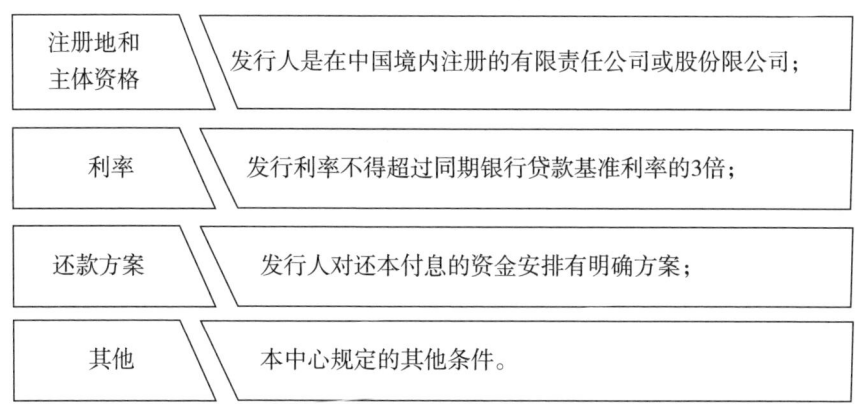

企业在北京股权交易中心进行债权融资，同样需要有经过认可的推荐机构来协助完成。具体的操作步骤与申请私募股权融资类似，如下所示。

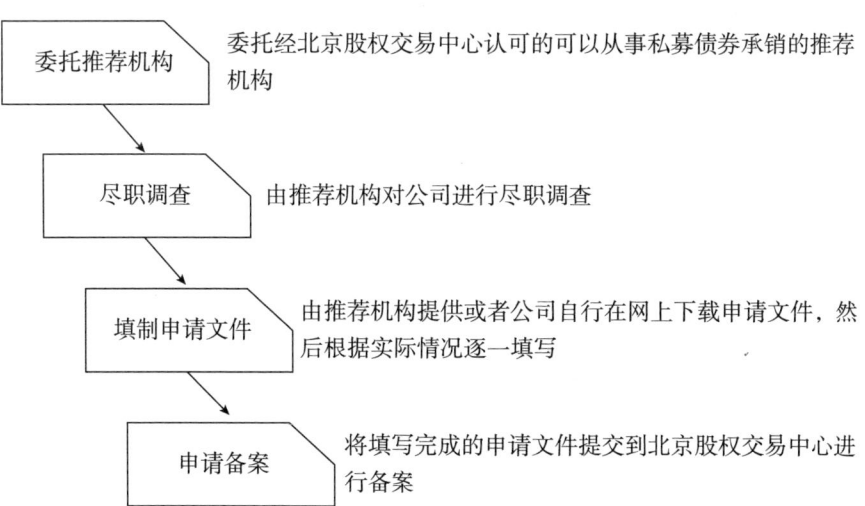

具体挂牌过程中，公司如果有疑问，可以在北京股权交易中心的网站上查看《北京股权交易中心私募债券业务管理规则（试行）》。

4.5 企业融资服务(前海)

作为我国新四板市场的"领头羊",前海股权交易中心致力于提供更适应中小微企业的融资服务。前海股权交易中心为融资企业配备专属顾问、定制融资方案,并为融资企业建立资本市场信用记录。企业的信用积分越高,融资成本越低、放款速度越快、融资选择越多。

具体来说,前海股权交易中心为了满足不同企业的融资需要,目前提供了六种差异化的融资产品供企业选择,其中既有债权融资,也有股权融资。

◎ **梧桐投融宝**

梧桐投融宝是前海股权交易中心为挂牌企业量身定制的短期周转融资产品,满足企业周转性、季节性、临时性的流动资金需求。截至2016年4月,梧桐投融宝已经为355家企业提供了33.01亿元融资资金。

梧桐融资宝的特色包括几个方面。

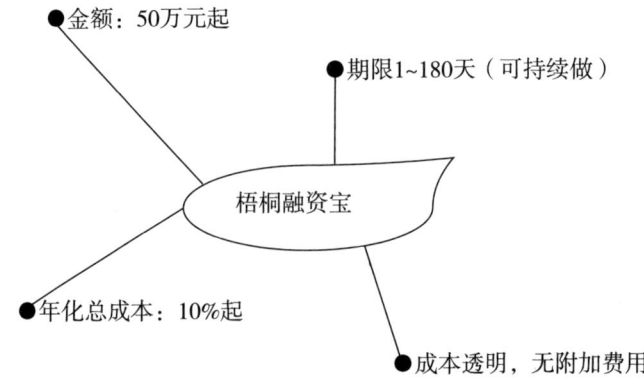

企业如果想要申请使用梧桐融资宝服务,需要满足以下几个条件。

条件一: 连续经营三年以上
条件二: 最近一个会计年度营业收入不低于1000万元
条件三: 法定代表人或实际控制人中至少有一人在注册地有不动产
条件四: 企业及法定代表人或实际控制人均无违法违规事项

在申请业务的过程中,企业需要提交的材料包括以下几项。

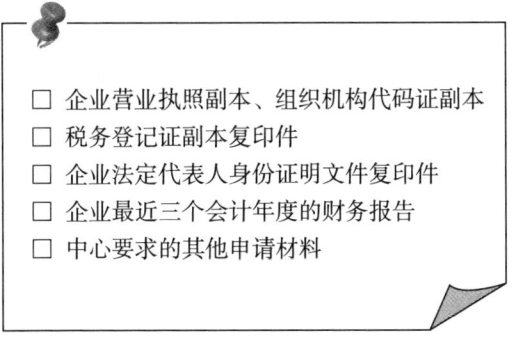

□ 企业营业执照副本、组织机构代码证副本
□ 税务登记证副本复印件
□ 企业法定代表人身份证明文件复印件
□ 企业最近三个会计年度的财务报告
□ 中心要求的其他申请材料

企业在前海股权交易中心的网站上申请办理梧桐投融宝后,交易中心会在1个交易日内与企业联系。具体的操作流程如下所示。

在线申请 → 提交材料 → 中心审核 → 完成放款

◎ **梧桐私募债**

梧桐私募债是一种长期私募债券融资的方式。挂牌企业在前海股权交易中心备案后,以非公开方式发行债券募集资金,以满足企业补充流动资金、偿还银行贷款、投资固定资产及收购兼并等方面的需求。截至2016年4月,前海股权交易中心已经为52家企业进行了253期梧桐私募债融资,已发行金额79.49亿元。

梧桐私募债的特色包括以下几个方面。

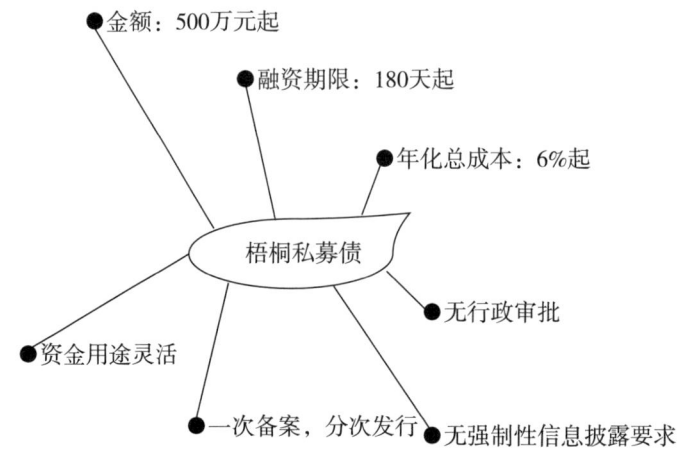

企业如果想要申请使用梧桐私募债融资，需要满足以下几个条件。

条件一：	连续经营三年以上
条件二：	最近两年持续盈利
条件三：	最近一期末净资产不低于人民币1亿元
条件四：	负债率不超过50%
条件五：	符合国家的产业和行业政策的挂牌企业

在申请梧桐私募债融资的过程中，企业需要提交的材料包括以下几项。

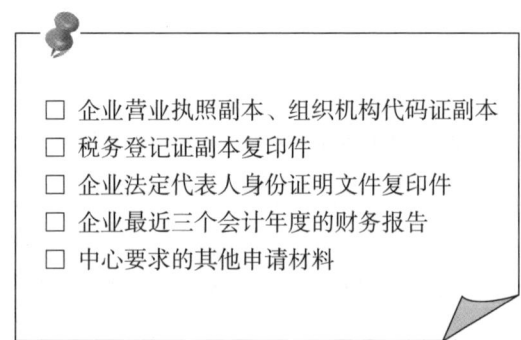

企业在前海股权交易中心的网站上申请办理梧桐私募债后，交易中心会在1个交易日内与企业联系。具体的操作流程如下所示。

第4章 新四板的企业服务

在线申请 → 提交材料 → 方案设计 → 中心备案 → 发行债券

◎ **梧桐股融 E**

梧桐股融 E 是前海股权交易中心推出的股权融资方式。挂牌企业将股权质押给前海股权交易中心并融入资金，以满足营运资金需求。到约定时间，企业返还资金，交易中心解除股权质押。

梧桐股融 E 的特色包括以下几个方面。

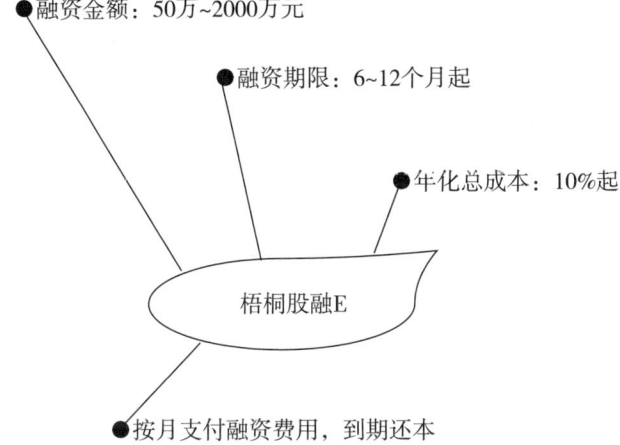

在申请梧桐股融 E 融资的过程中，企业需要提交的材料包括以下几项。

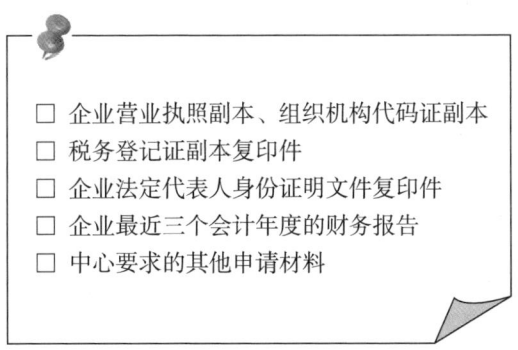

□ 企业营业执照副本、组织机构代码证副本
□ 税务登记证副本复印件
□ 企业法定代表人身份证明文件复印件
□ 企业最近三个会计年度的财务报告
□ 中心要求的其他申请材料

梧桐股融 E 融资方式，重点是面向深圳地区的挂牌企业，如果企业最近两年有知名风投机构投资，那么会被交易中心优先考虑。

企业在前海股权交易中心的网站上申请办理梧桐股融 E 后，交易中心会在 1 个交易日内与企业联系。具体的操作流程如下所示。

在线申请 → 提交材料 → 中心审核 → 股权质押 → 融入资金

◎ **定制股权融资**

定制股权融资是前海股权交易中心为挂牌企业提供的定制化股权融资服务，可以帮助企业发现和展示市值，对接资本、资源，落地融资，提供包括商业计划、行业分析、估值定价、资本对接及持续专业服务等，帮助企业实现长远发展。截至 2016 年 4 月，已经有 280 余家企业提交股权融资需求申请，100 余家企业签订报名协议。

前海股权交易中心的定制股权融资服务包括以下六大业务模块。

定制股权融资的六大业务模块

专业的融资辅导
前海股权交易中心的融资辅导团队汇聚了国内知名金融机构的投融资专家、保荐代表人、律师、会计师，可以为企业提供定制化、个性化、专业化的私募股权融资服务。

完成企业估值
前海股权交易中心会结合企业经营情况，运用合理估值模型为企业提供估值定价参考，发现企业的最优市值。

项目路演推介
网上和网下路演相结合。线上挂牌报价展示企业估值，线下针对国内外知名投资机构举办"梧桐投融汇"项目路演推介会。

海量对接投资者
利用前海股权交易中心强大的媒体优势，灵活利用网络、自媒体、路演推介、财经媒体等方式高效推介，快捷找到合适投资人。

第4章 新四板的企业服务

― 突破成长瓶颈
  为企业匹配最佳的战略投资者，使投资者在带来资本的同时，还为企业整合市场等资源。

― 品牌及市值提升
  通过国内最大的场外资本市场提供专门的展示板块，吸引众多投资机构关注，提升企业的市值。

依托以上六大业务模块，前海股权交易中心为有这种融资需求的企业提供了两种服务套餐。

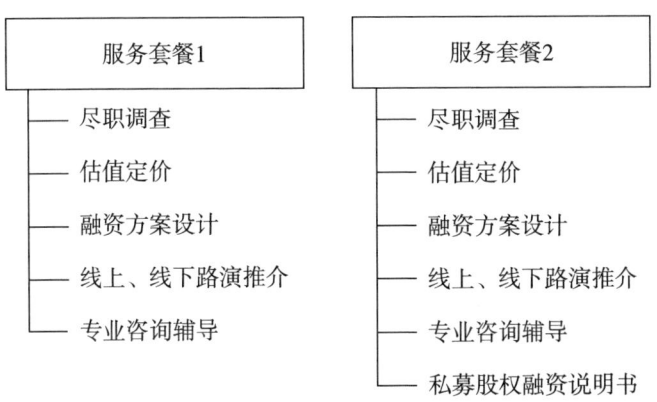

定制股权融资的服务对象主要是处于初创期、发展期及快速成长发展阶段，有股权融资需求的中小企业。此外，如果企业具备清晰可行的商业模式和盈利模式，则会被重点考虑。

在前海股权交易中心办理定制股权融资的具体流程如下所示。

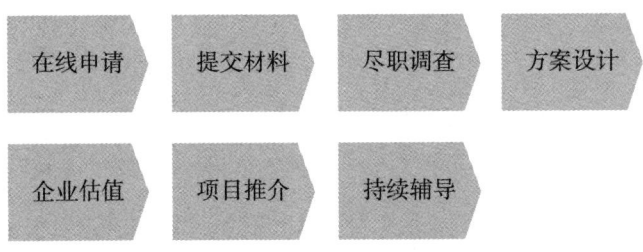

◎ 梧桐资金计划

梧桐资金计划是专门为有个性化资金需求的企业提供的融资服务，旨在为企业高效、精准及专业地对接特色化资金及行业偏好投资资金。

梧桐资金计划的特色包括以下几个方面。

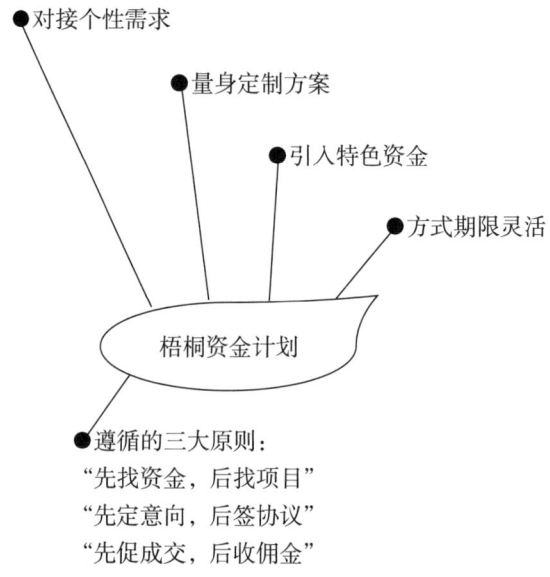

梧桐资金计划适合有明确融资需求且满足资金方准入门槛的企业进行融资，并采用项目制合作的服务形式，服务周期在 6～12 个月。

目前，在梧桐资金计划中，已经聚集了各金融机构或类金融机构的资金，它们对不同行业有各自的投资偏好。例如，影视传媒、医疗健康、新能源、新材料、金融、互联网及环保等行业均非常受资金的欢迎。企业可以通过梧桐资金计划寻找与自己匹配的资金。融资过程中，前端服务免费。融资成功后，前海股权交易中心提成 1%～10%。

◎ 小贷融资

小贷融资是前海股权交易中心专门为小额贷款公司提供的融资方式。小额贷款公司可以通过前海股权交易中心平台向同行业或其他机构投资者进行融资，以阳光化、市场化的创新金融工具满足自身的融资需求。

小贷融资的特色包括以下几个方面。

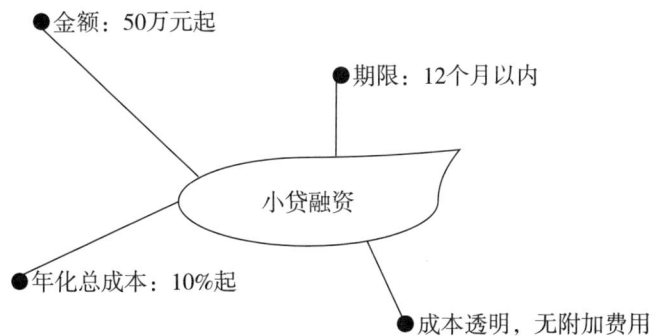

小贷融资适用于国资、上市公司背景，经营正规的小额贷款公司，可以为企业带来全方位的价值提升。

小贷融资可以带来的价值提升

阳光化融资
借助前海股权交易中心的平台进行阳光化融资，资金来源合法合规、更加广泛，运作更加透明规范，接触资本市场培育市场信用，提升公司品牌价值，便于公司做强做大。

盘活存量资产
企业可以通过资产证券化产品把欠流动性但有可预期现金流的资产变现，有助于增强资产流动性、优化资产与负债结构、扩大资金来源，更有助于分散信用风险、降低利率风险、降低筹资成本。

快捷灵活
小贷融资的融资期限、额度和年化利率由双方协商确定，产品发行周期较短，便于小贷公司资金统筹安排。

低成本融资
通过加入一定的增信措施，小贷公司可以对接交易中心推荐的机构投资者，并以较低的成本融入资金。

增值服务
除了融资外，交易中心还为小贷公司提供企业挂牌、登记托管、培训咨询、股权融资等增值服务。

小额贷款公司在前海股权交易中心的网站上申请办理小贷融资后，交易中心会在 2 个交易日内与公司联系。具体的操作流程如下所示。

在线申请 → 制定融资方案 → 提交材料 → 中心审核 → 完成放款

4.6　连接企业与资本服务

除了以上的融资服务外，前海股权交易中心还积极将企业与资本连接起来，通过专业服务帮助企业走向交易所市场，帮助企业定制资本市场解决方案，并提供资本市场顾问专属贴身服务。

截至 2016 年 4 月，前海股权交易中心已签约服务全国 280 家企业，举办路演活动 46 场，合作机构超过 3000 家。

◎ 估值报价服务

前海股权交易中心基于中小企业股权价值发现、报价展示及对接资本等需求，为企业提供估值定价、股权报价展示、投融资资源对接及融资方案设计等专业服务。企业可在中心股权报价服务专区向资本市场和投资机构展现其投资价值。

通过股权交易中心提供的估值报价服务，企业可以得到以下几个明显的好处。

估值报价服务带来的好处

- 公允估值→充分体现股权价值
  - 通过企业的经营数据、市场前景、商业模式、未来战略规划等，结合估值模型、专业知识及资本市场运作经验，为企业提供估值定价服务。
- 挖掘亮点→吸引投资者关注
  - 通过尽职调查，挖掘企业亮点。帮助企业定制股权融资方案，确定合适的出让比例及融资金额，动态市值展示吸引投资者关注。

报价展示→增加交易机会

在新四板市场报价展示企业市值及核心投资亮点，为企业创建交易机会。

通过前海股权交易中心的平台，无论是何种地域、何种规模及何种组织形式的公司，都可以获得估值报价服务。在服务过程中，前海股权交易中心会充分尊重企业的隐私，保护企业核心竞争力，无强制信息披露要求。

实际操作的过程中，前海股权交易中心会按照以下的流程为企业提供估值报价服务。

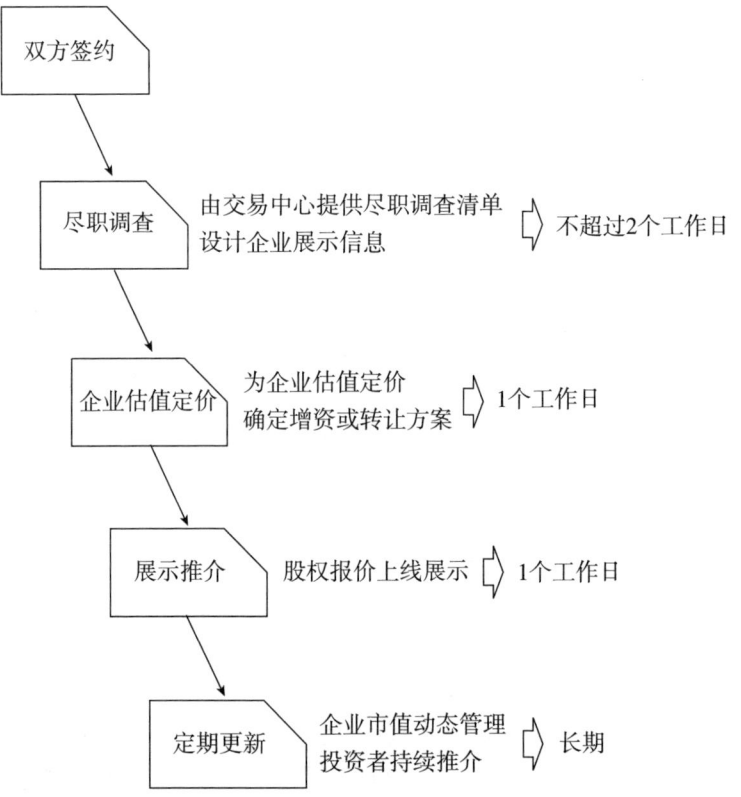

◎ **梧桐种子计划**

梧桐种子计划是前海股权交易中心培育初创企业，走向资本市场的一项服务计划。前海股权交易中心利用在全国各省市县、各产业、产业各阶段的五大资源体系（营销渠道、产业投资者、产业链、政府、上市公司）和实战专家团队资源，为企业提供"商业模式＋资源匹配"的全方位、立体、互联的综合培育服务，以期解决其"产业信息不对称、区域信息不对称、产融信息不对称"三大问题，帮助广大中小微企业成长、壮大，最终昂首走向资本市场。

前海股权交易中心提供的梧桐种子计划适合以下几类企业用户参与。

有突出核心竞争力、具有专利技术、成长空间的企业；

"高增长、高科技、高附加值"的三高企业；

"新商业模式、新能源、新材料、新生物医药、新农业、新服务"的六新企业；

急需寻求资源匹配、对接支持，解决企业当下的发展或转型的企业。

前海股权交易中心的梧桐种子计划采取项目合作制的服务形式，服务周期为1年。在接受服务的过程中，企业的实力可以在以下几个方面得到突出的提升。

梧桐种子计划带来的好处

商业模式梳理与辅导

挖掘企业亮点，梳理商业模式、组织模式、营销模式和资本模式，明确企业发展思路，辅导制定《商业计划书》和企业路演PPT；
同时辅导企业核心项目团队成员进行详细的顶层设计和顶层股权激励的规则。

产业资源对接

为企业对接三次产业战略资源，内容包括但不限于：企业的上下游、营销渠道、同行业上市公司、政府或政府机构、投资方等，并出具《"梧桐种子计划"项目资源对接纪要》。

资本运作支持

在服务期内需每月与企业面对面沟通一次（地点不限），方式包括但不限于参加会议、直接会谈、为企业对接资源、为企业开展培训活动等，并出具相关纪要。

◎ 上市筹划服务

前海股权交易中心常年为企业提供上市顾问服务。具体服务内容包括：设计整体上市路径，组建上市团队、匹配上市资源，全程跟进上市进程，协助完成上市工作的系统解决方案。

因为上市需要企业有较强的资质，因此这项服务只适用于资质较强的企业。具体的企业筛选标准包括以下几条。

行业	符合国家产业政策，不属于限制发展或禁止发展行业（地产、煤炭、钢铁），从事相关行业3年以上。
收入和成长指标	年营业收入达到5000万元以上，或营业收入不够5000万元但是未来两年能保持50%以上增长
竞争力	具有核心竞争力。这种竞争力可以体现在客户、技术、市场规模、成长性、团队等方面。
拟上市	已经进入上市通道，已进行或很快进行上市前的各项规范性工作。

前海股权交易中心的上市筹划服务会以现场尽调、电话指导和其他咨询辅导方式完成，服务周期为1年。通过辅导后，企业可以获得以下成果。

第4章 新四板的企业服务

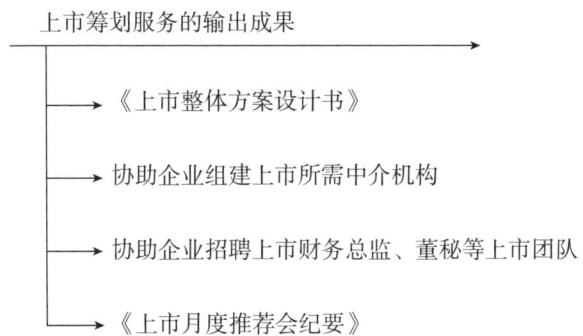

◎ 并购服务

前海股权交易中心还可以为企业提供并购的系统解决方案。具体内容包括：帮助企业寻找并购交易对手，制作并购路演材料，商议并购关键条款，协助并购洽谈落实，为企业并购提供买方（卖方）财务顾问或对接并购基金的服务。

前海股权交易中心的并购服务是同时向买卖双方提供的。无论是企业自己想要并购其他企业，还是企业有价值想要被其他企业并购，都可以通过前海股权交易中心寻找交易对手。

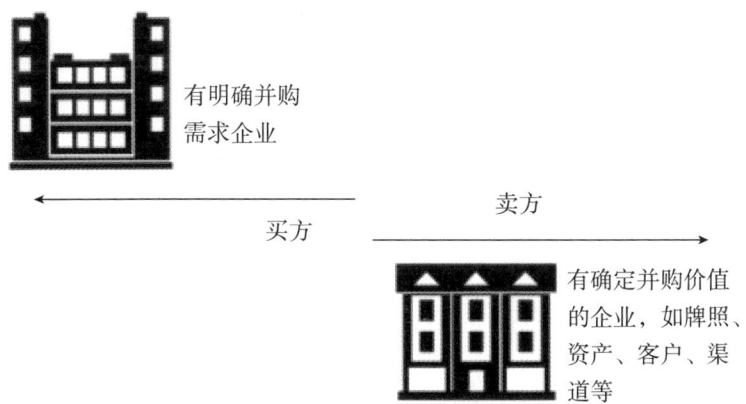

前海股权交易中心的并购服务一般采用项目合作制，服务周期为6～12个月。通过并购服务，企业可以获得以下成果。

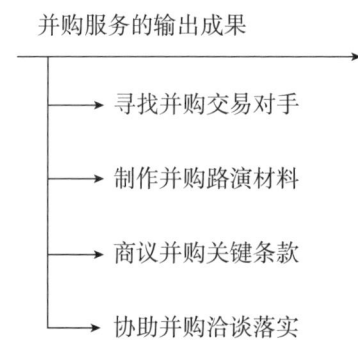

◎ **专项服务**

除了以上各项标准化的资本市场服务外，前海股权交易中心还为企业提供各种非标准化资本市场服务，如境外上市、股份制改造、重组咨询、财务规范化、基金发起设立顾问、投资可行性分析、商业计划书编写、上市团队猎聘等专项服务。

4.7 管理咨询服务

在新四板上市的企业大多都处于初创时期。因为在建立之初发展速度较快，所以很多企业在管理方面都会有各种漏洞。为此，前海股权交易中心融智与融资并重，除了为企业提供资本市场服务外，还为企业量身定制了各种管理方面的咨询服务。通过这些服务，企业可以将网上部落与真实社交相结合，横向创造企业链接与投资机会。

◎ **定制化课程**

前海股权交易中心根据挂牌企业、合作机构等具体情况，设计专业定制化培训课程。课程的形式按实际情况而定，有精品课程、沙龙、参访交流等。

◎ **品牌全案咨询**

品牌全案咨询是前海股权交易中心为企业提供的360°"品牌定位＋策划＋执行＋传播"1站式全案服务。品牌全案咨询包括四大模块，如下所示。

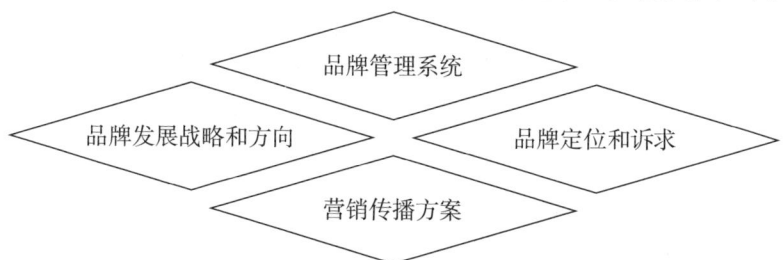

在具体的咨询内容上，品牌全案咨询涵盖了市场调研、战略规划、品牌定位、营销策略、整合传播、渠道建设、终端管理、VI设计、产品上市策划等品牌一体化服务。最终通过咨询服务，可以帮助企业建立全面科学的品牌管理系统，清晰品牌发展战略和方向，形成独特的品牌定位和诉求，有效实现品牌的营销传播。

品牌全案咨询服务主要是针对以下两类企业客户的需求。

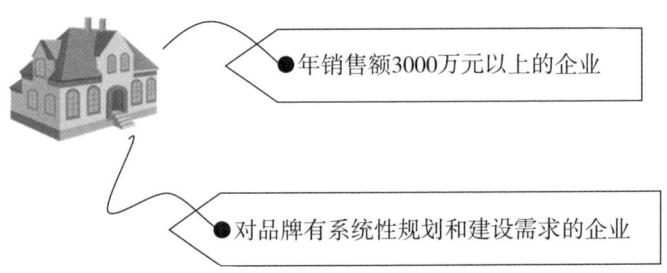

- 年销售额3000万元以上的企业
- 对品牌有系统性规划和建设需求的企业

企业的品牌全案咨询服务一般采用项目制合作的服务形式，服务周期为3~4个月，包括落地指导3个月。经过品牌全案咨询，企业可以得到以下成果。

{
《市场调研报告》

《渠道发展与营销推广策略》

《品牌发展战略规划报告》

《招商加盟手册》

《产品宣传册或DM单方案》

《终端形象建议方案》

《品牌年度推广方案》

《官网设计、官微运营方案》

《网络营销推广方案》等
}

◎ VI 系统设计

前海股权交易中心的设计团队通过 VI 设计调研、设计开发、反馈修正、编制设计等服务环节，可以为企业提供科学、规范且符合品牌发展的 VI 视觉识别系统，包括企业品牌 Logo、形象设计等。设计的过程中，会颠覆 VI 设计传统，融理念、视觉识别为一体，真正让 VI 系统由形到髓产生全面认同，能够有效促进品牌影响力的提升。

VI 系统设计服务主要是针对以下两类企业客户的需求。

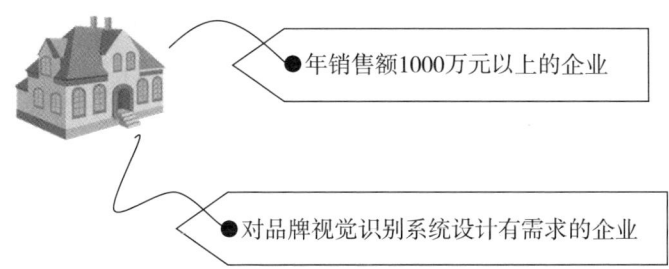

VI 系统设计服务一般采用项目制合作的服务形式，服务周期为 1~2 个月，最终会为企业提供一份《品牌 VI 手册》，里边包含了 MI 理念识别、VI 视觉识别系统，如下所示。

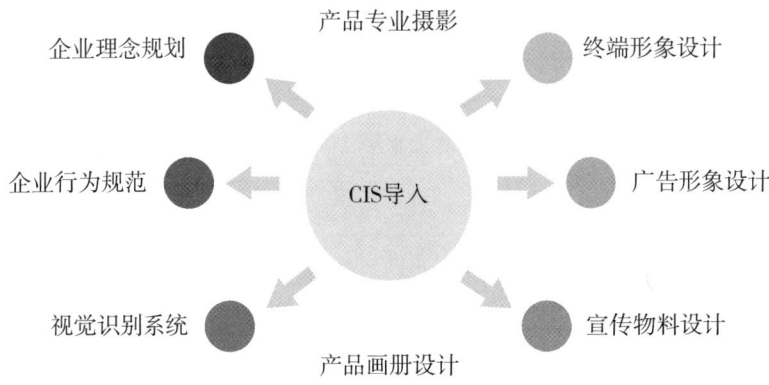

◎ 股权激励咨询

如果企业有股权激励的需求，那么也可以在前海股权交易中心咨询具体的方案和制度设计。

前海股权交易中心会选择具有深厚专业知识和丰富实践经验的资深咨询师进驻企业，他们与企业家紧密配合，进行"一对一"全面诊断，采用最实用的咨询工具，从"员工职业发展通道""绩效/薪酬/股权""核心价值观统一"等不同角度为企业量身定制激励系统方案，并全程辅导实施。

股权激励的咨询服务主要包括三大模块。

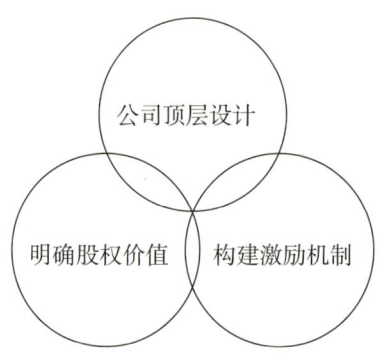

股权激励咨询服务主要是针对以下三类企业客户的需求。

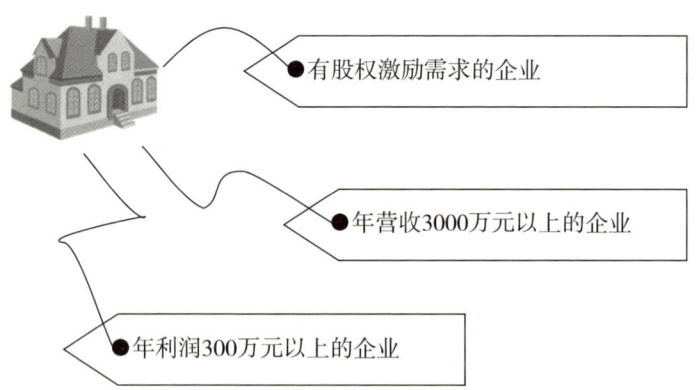

股权激励咨询服务会以定制咨询的形式提供服务，服务周期一般为1个月。服务结束后，企业可以得到以下成果。

《全面诊断报告》

《企业三年目标》

《企业未来五年规划》

《公司组织规划》

《股权结构筹划》

《职位体系》

《职业发展通道》

《绩效管理流程》

《绩效指标体系》

《多重激励薪酬体系》

《股权落地方案》

《股权激励制度》

第5章

新四板的投资功能

对于需要资金的企业来说，新四板提供了一个融资的场所。而对于持有资金准备投资的企业或者个人来说，新四板则提供了很多优秀的投资项目。无论是机构投资者还是个人投资者，都可以通过新四板市场找到未来具有广阔发展潜力的企业，并在投资后获得收益。

5.1 新四板投资者开户

无论是机构投资者还是个人投资者，如果想要在新四板市场上购入公司的股权或者债权，都需要先在市场上开设投资账户。

因为新四板市场投资的风险较高，所以新四板市场执行比较严格的投资者适当性管理制度。无论是机构投资者还是个人投资者，都需要满足一定条件，并且经过交易中心严格审核后，才能开设账户并开始交易。

下面我们以北京股权交易中心的规定为例，分别讲解机构投资者和个人投资者开户所需要的条件和开户流程。

◎ 机构投资者开户

北京股权交易中心提供的金融产品包括企业股权、私募债权和其他金融工具。对于机构投资者来说，要想参与这些金融产品的交易，需要的条件是相似的。具体来说，机构投资者应该符合以下条件之一。

 金融机构	经有关金融监管部门批准设立的金融机构，包括商业银行、证券公司、基金管理公司、信托公司和保险公司等；
 理财产品	上述金融机构面向投资者发行的金融产品，包括但不限于银行理财产品、信托产品、投连险产品、基金产品、证券公司资产管理产品等；
 企业	净资产不低于人民币500万元的企业法人和合伙企业；
 股东	持股比例超过5%的股东，可参与本公司定向增资股份或者本公司发行私募债券的认购和买卖；
 推荐机构会员	推荐机构会员可参与其承销私募债券的发行认购与转让。

需要注意的是，存在严重不良诚信记录，或法律、法规、有关业务规则禁止或限制从事证券、期货交易情形的机构，不得参与北京股权交易中心的金融产品交易。

机构投资者确认自己满足以上条件后，则可以携带以下文件到北京股权交易中心的柜台办理开户手续。

第5章 新四板的投资功能

> □企业法人营业执照（副本）/合伙企业营业执照（副本）/事业单位法人证书/社会团体法人登记证书的原件及复印件；
>
> □法定代表人的有效身份证件原件及复印件；
>
> □《法定代表人证明证书》原件；
>
> □资产证明文件（审计报告或验资报告等，净资产不低于人民币500万元的企业法人、合伙企业）；
>
> □《机构投资者开户申请表》（下载或到交易中心柜台填写）；
>
> □《投资者风险揭示书》（下载后打印一式两份并加盖公章）；
>
> □《投资者协议》（下载后打印一式两份并加盖公章）；
>
> □委托代理人办理的，还应同时提交授权委托书（法定代表人签署并加盖公章）以及代理人的有效身份证件原件及复印件。

企业提供的以上文件全部需要加盖公章。

◎ 个人投资者开户

对于个人投资者来说，参与不同金融产品的交易，需要的入市门槛有所差别。

具体来说，如果个人投资者想要参与北京股权交易中心的股权交易或者除了私募债以外的其他金融产品交易，应当符合以下条件之一。

个人资产条件 | 名下各类金融资产总额不低于人民币300万元的自然人；

挂牌前的股东 | 公司挂牌前的自然人股东；

股权激励的股东 | 通过股权激励持有公司股份的自然人股东；

高管股东 | 公司的董事、监事、高级管理人员及持股比例超过5%的股东；

其他股东 | 因继承或司法裁决等特殊原因持有公司股份的自然人股东；

其他投资者 | 本中心认定的其他个人投资者。

需要注意的是，以上提到的四类股东，虽然可以参与股权交易，但是仅限于买卖其所持公司的股份。

如果个人投资者想要参与北京股权交易中心的私募债权交易，则应当符合以下条件。

个人资产条件 | 名下各类金融资产总额不低于人民币300万元的自然人；

风险警示 | 理解并接受私募债券风险；

第5章 新四板的投资功能

高管股东 | 发行人的董事、监事及高级管理人员及持股比例超过5%的股东,可参与本公司发行私募债券的认购与转让;

其他条件 | 北京股权交易中心规定的其他条件。

个人投资者确认自己满足以上条件后,可以携带以下证明文件到北京股权交易中心的柜台办理开户手续。

☐本人合法有效的身份证件原件;

☐银行存款证明原件或股权交易中心认可的各类金融资产证明（不低于人民币300万元）;

☐个人投资者开户申请表（可下载或到本中心柜台填写）;

☐如非本人办理,需提供授权委托书（需公证）原件和代理人的有效身份证件原件。

5.2 新四板网上交易系统

为了满足投资者在网上买卖股票的需要，北京股权交易中心为投资者提供了一个完整的网上交易系统。通过这些系统，投资者可以在线买入挂牌企业通过北京股权交易中心销售的股权、私募债权和其他金融产品。

◎ 交易系统的名词解释

在北京股权交易中心的网上交易系统中，有一些专有名词。这些名词是我们开始交易之前就需要明确的。

名词	解释
客户号	由系统分配或手工生成的用于标识每个投资者的唯一的编号。 由12位数字编码组成，前4位为营业部统一编制的编号，一般为营业部编码，后8位为客户号编号。 取值范围为：00000000～99999999。
资金账号	与客户号不同，是系统中资金存取款时和股权结算时等使用的14位账号。 系统支持一个客户号下挂不同币种的多个资金账号。 资金账号由14位数字编码组成，前12位为该客户的客户号，后2位为资金编号。
委托方式	客户进行买卖委托时所能借助的途径或方法，系统中为统计数据或佣金折扣等的需要，目前将委托方式分为柜台、互联网（网上转让）两种方式。
资金密码	客户进行资金存取款时所需校验的密码，也称取款密码。
交易密码	客户进行买卖交易时所需校验的密码。

◎ 登录交易系统

投资者在北京股权交易中心的网站上下载并安装交易软件后，打开软

第5章 新四板的投资功能

件，就可以看到以下界面。

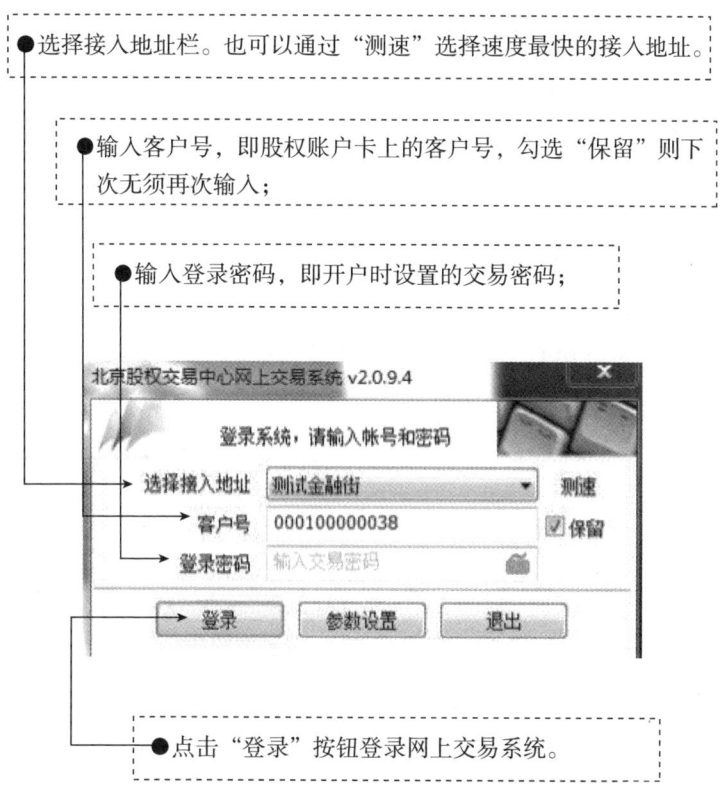

- 选择接入地址栏。也可以通过"测速"选择速度最快的接入地址。
- 输入客户号，即股权账户卡上的客户号，勾选"保留"则下次无须再次输入；
- 输入登录密码，即开户时设置的交易密码；
- 点击"登录"按钮登录网上交易系统。

成功登录后，我们就可以进入网上交易系统的主窗口界面。这个界面中分成了四个主要的模块，从上到下依次为：工具栏、行情揭示区、资金账户区和交易操作区。这四大模块为我们进行交易买卖提供了支持。

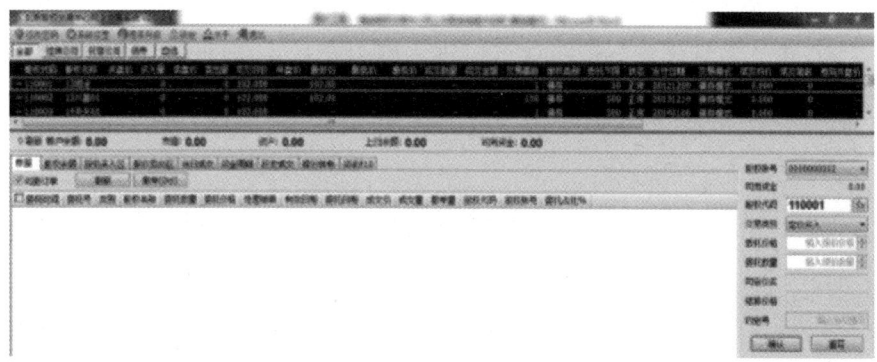

◎ 交易系统的工具栏

进入网上交易系统后，可以发现该系统把客户最常使用的一些功能已经集中到了工具栏上，我们只需操作工具栏上的按钮就可以快捷地完成相关操作。

（1）修改密码

点击"修改密码"按钮进入到修改密码界面，可以修改客户的资金密码和交易密码。

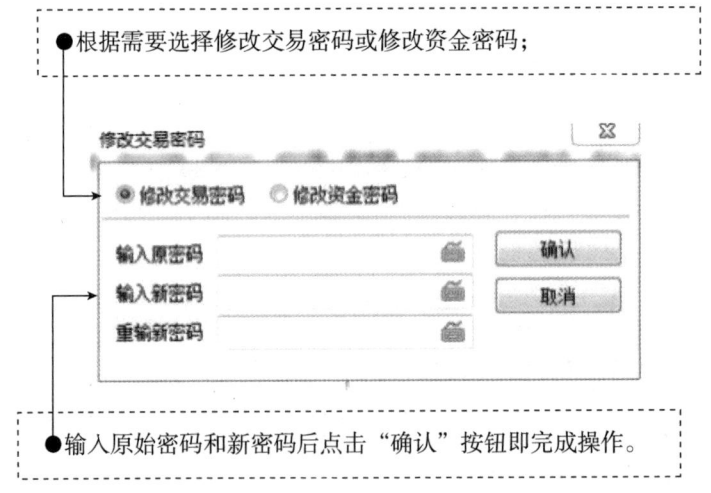

● 根据需要选择修改交易密码或修改资金密码；

● 输入原始密码和新密码后点击"确认"按钮即完成操作。

（2）系统设置

点击"系统设置"按钮就可以进入网上交易系统的一些基本参数设置，如下图所示。

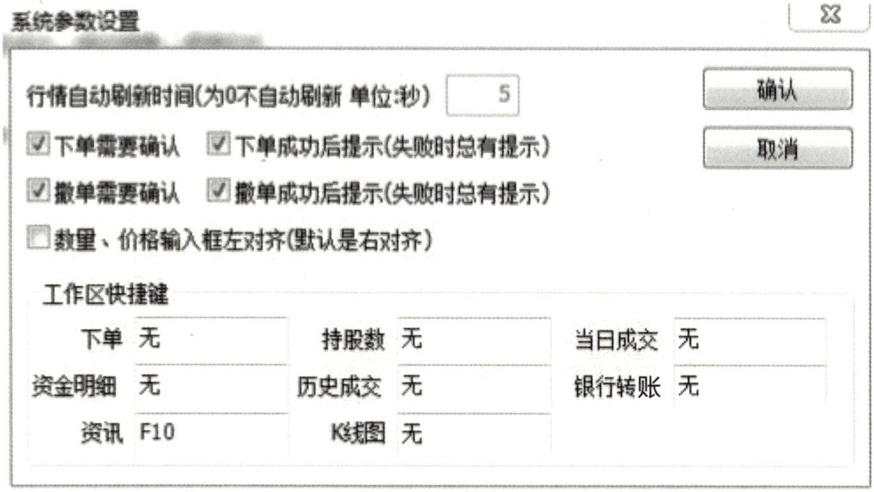

第5章 新四板的投资功能

[系统参数设置对话框]

- 行情自动刷新时间，这个控制行情刷新的时间间隔，默认使用1秒钟；
- 委托需要确认，若勾选，下单的时候会有个提示框，提示是否确认，默认勾选；
- 委托成功后提示，若勾选，下单成功有个确认框提示，默认勾选；
- 撤单需要确认，若勾选，撤单的时候会有个提示框提示是否确认，默认不勾选；
- 撤单成功后提示，若勾选，撤单成功有个确认框提示，默认勾选；
- 数量、价格对齐方式设置，默认右对齐；
- 工作区快捷键，可以为菜单设置快捷键，方便快速操作；
- 调整结束后点击"确认"按钮完成操作，系统将保存这些设置。

（3）程序升级

网上交易系统为后续维护方便，支持程序在线升级、更新下载新模块或补丁，点击"程序升级"按钮，如下图所示。

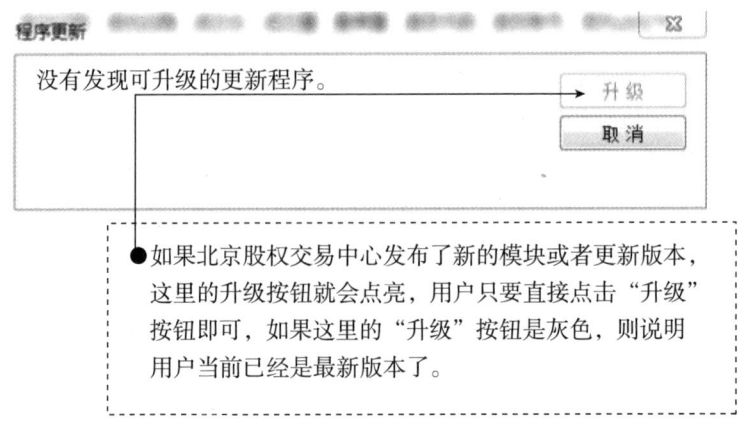

● 如果北京股权交易中心发布了新的模块或者更新版本，这里的升级按钮就会点亮，用户只要直接点击"升级"按钮即可，如果这里的"升级"按钮是灰色，则说明用户当前已经是最新版本了。

（4）锁定

使用锁定功能后，交易系统会如下图所示。

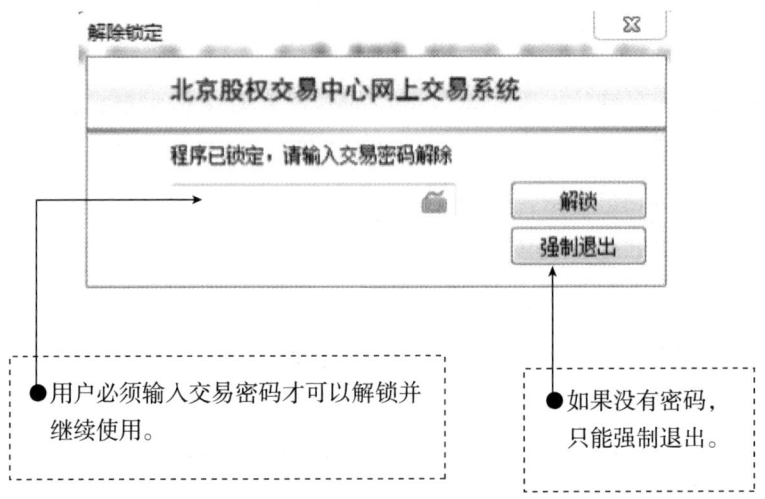

● 用户必须输入交易密码才可以解锁并继续使用。

● 如果没有密码，只能强制退出。

这个功能适合在我们需要暂时离开电脑时使用，以防止别人登录操作系统。

（5）关于

点击工具栏的"关于"按钮，可以看到关于网上交易系统的介绍，如下图所示。

第5章 新四板的投资功能

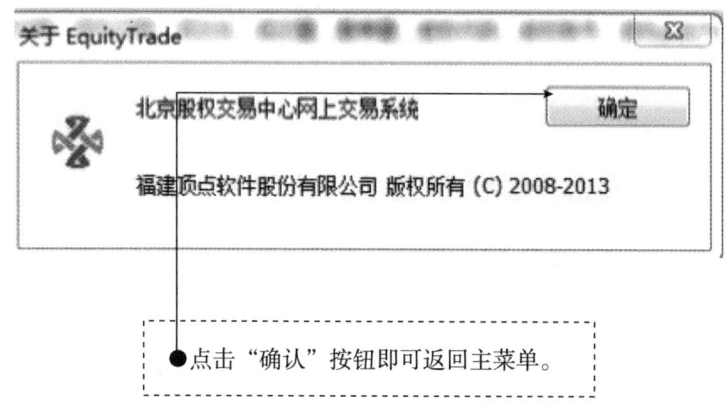

●点击"确认"按钮即可返回主菜单。

（6）退出

点击工具栏"退出"按钮即退出网上交易系统主程序。

◎ 利用交易系统查看行情

网上交易系统自带一个行情揭示板。这里边的行情信息都是实时更新的，我们可以从前面讲到过的系统设置里修改更新的频率参数。行情揭示板如下图所示。

行情揭示板上的每条记录都代表着一个交易产品的全部信息。字段的顺序及是否显示可以调整。

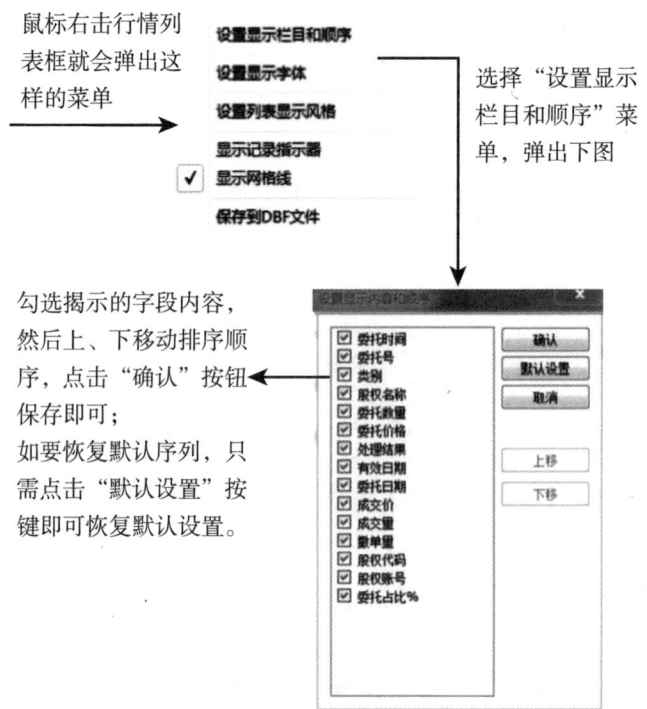

鼠标右击行情列表框就会弹出这样的菜单

选择"设置显示栏目和顺序"菜单，弹出下图

勾选揭示的字段内容，然后上、下移动排序顺序，点击"确认"按钮保存即可；
如要恢复默认序列，只需点击"默认设置"按键即可恢复默认设置。

在网上交易系统的左下角有提示信息框显示当前连接的交易服务器名称和状态，状态包括：正常（交易状态栏）、已闭市（系统停止交易）和断开（连接中断）、客户号、可用资金等；右下角还有系统时间提示。

◎ 发出买卖委托指令

（1）查看资金账户

在网上交易系统中，我们可以看到资金账户的构成情况，包括账户余额、市值、资产、上日余额、可用资金，如下图所示。

| 账户余额: 0.00 | 市值: 0.00 | 资产: 0.00 | 上日余额: 0.00 | 可用资金: 0.00 |

（2）发出和撤销委托

继续向下，就可以看到自己的账户情况。在这里可以进行申报和委托撤单等交易，如下图所示。

第5章 新四板的投资功能

整个界面的右下角，是申报委托界面，如下图所示。

在这个界面中，我们可以依次填写相应的信息，在市场上买入股权。

- 在下单窗口股权转让账号下拉框中选择一个委托的股权转让账号；
- 可用资金，该股权转让账户的结算账户上面有多少可用资金；
- 股权代码，输入需要委托的股权代码，阿拉伯数字组成如100001；
- 交易类别：有几个不同的交易方式，如下表所示。

交易类别	解释
定价买入	定价委托可以直接被点选成交
定价卖出	
意向买入	意向委托只是体现自己的意向，经过双方协商好价格和数量后，定好约定号
意向卖出	
确认买入	下确认委托成交，下确认委托前要把意向委托撤单
确认卖出	

- 委托价格，输入一个委托的价格，支持到小数点后二位；

- 委托数量，输入一个委托的数量，为整型数；
- 可买/可卖数量，显示的是当前可以买入或者卖出的最多数量；
- 若是协议委托单则需要输入一个约定号；
- 点击"确认"按钮下单即可，如果想重新输入的话点击"重写"按钮；
- 委托后可以在委托标签页下面查询已下单的记录，点击刷新，即查询当前的委托情况；
- 如果想撤单只需勾选相关记录，点击"撤单（Del）"按钮即完成操作，或者使用键盘快捷键"Delete"按钮完成操作；
- "可撤订单"选项勾选后，可以过滤下方的列表控件显示可以撤单的委托记录，默认不勾选就是显示全部委托记录，包括了不可以撤单的记录；
- 列表"委托时间"前的复选框如果勾选上，就相当于把下方全部记录置于选中状态。

对于下方的列表界面，我们可以进行以下两种操作：

- 单击列表头部的某个字段可以进行升序和降序两种排序；
- 若某些列表太长，显示成"…"，只需拉长该列表即可，系统会保留这个长度。

（3）查看股权账户

买入股权后，我们就可以通过"股权余额"页查询户下全部股权持仓情况。

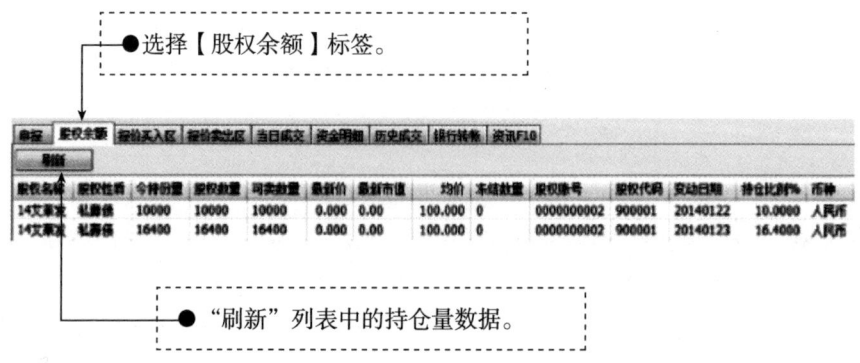

◎ 协议买入和协议卖出

我们用鼠标单击行情揭示板上面某只股权代码后，在【报价买入区】页可以显示该品种允许协议委托的买入订单，【报价卖出区】页则会显示允许协议委托的卖出订单，如下图所示。

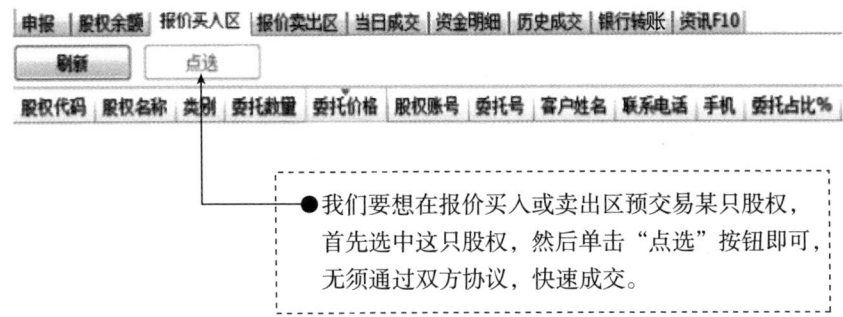

● 我们要想在报价买入或卖出区预交易某只股权，首先选中这只股权，然后单击"点选"按钮即可，无须通过双方协议，快速成交。

◎ 查询成交和资金明细

在股权交易系统中，我们可以使用查询工具来了解详细的交易情况。具体可以查询的交易情况包括以下几类。

（1）当日成交

查询我们当日成交的委托记录。

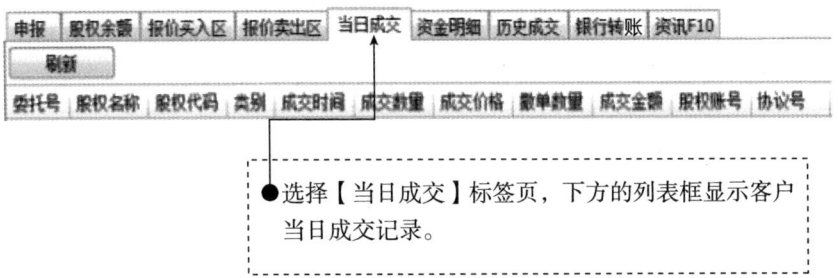

● 选择【当日成交】标签页，下方的列表框显示客户当日成交记录。

（2）资金明细

查询我们账户中资金增加和减少的明细流水。

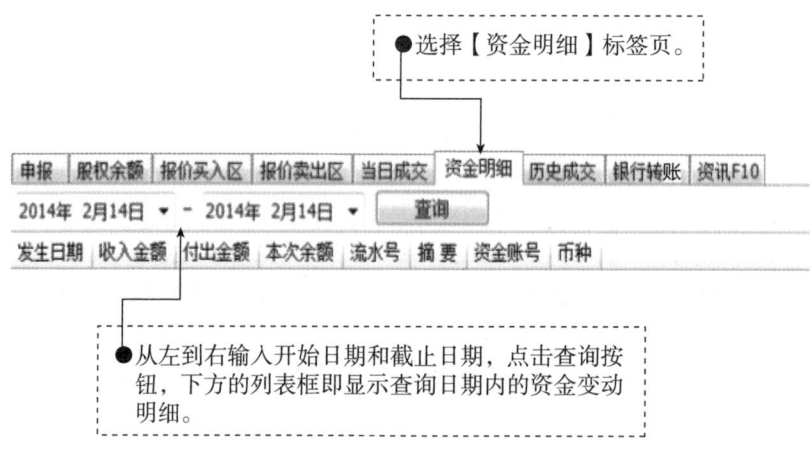

（3）历史成交

查询历史上一段时期内成交明细的记录。

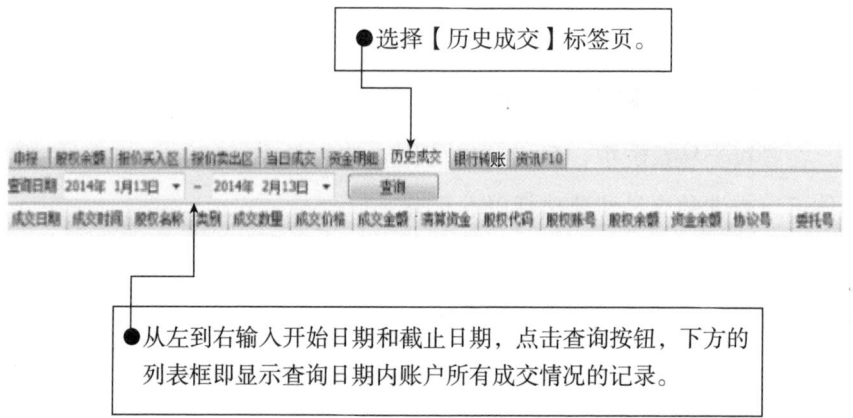

◎ 银行转账

我们可以通过交易系统的【银行转账】页面，将资金从交易资金账户转入银行账户，或者从银行账户转入交易资金账户，如下图所示。

- 选择【银行转账】标签页，下方的列表框即显示账户银行转账情况的记录，转账时间为每个交易日的9：00~16：00；

- 如需进行转账操作，可以在委托界面中填写相关信息进行转账操作；

- 如上图所示，业务类别可以选择：银行资金转入、资金转出到银行、查询银行余额（机构客户是否支持从股权交易中心发起由相应的银行决定）；

- 选择一个相应的币种，如人民币；

- 选择存管银行并输入银行账号和相应的密码；

- 点击"确认"按钮，左边的列表框即显示操作结果，此操作会存在一些延时时间。

5.3 了解投资产品

投资者在股权交易中心可以购买的产品,就是之前我们讲到的有融资需要的企业在市场上发布的融资产品。下面,我们再以前海股权交易中心提供的各种交易产品为例,梳理我们可以在股权交易中心购买的各种投资产品。

◎ 前海海润国际并购基金

前海海润国际并购基金的核心业务包括四大模块,如下所示。

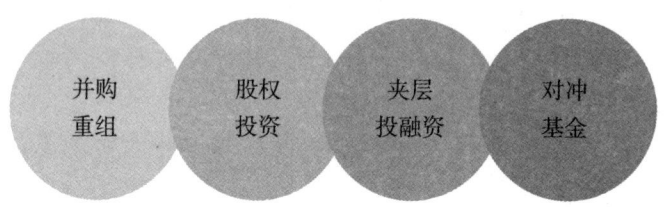

前海海润国际并购基金目前已形成四大优势:优秀的专业团队、庞大的网络资源、多策略的投资方法和出色的过往业绩。

(1)优秀的专业团队

前海海润国际并购基金的并购投研团队、并购交易设计和风控团队、管理团队与业务团队均由知名的院校、机构或者人才组成。

并购投研团队

- 美国西北大学
- 清华大学
- 香港大学
- 中科院
- 长江商学院
- 香港科技大学
- 上海交通大学
- 国信证券
- 君安证券
- 九鼎投资

并购交易设计和风控团队

- 招商银行
- 伦敦政治经济学院
- 美国加州大学（UCLA）
- 比利时鲁汶大学
- 沃顿商学院
- 北大光华管理学院

管理团队

- 世界级投行
- Fidelity International Fund
- Morgan Stanley
- JP Morgan
- 英格兰皇家银行

业务团队

- 硅谷I-Cube
- NEC电子
- Paypal
- 美国国家半导体公司的高科技人才
- 全球领先的欧洲跨国企业阿克苏诺贝尔高端人才

（2）庞大的网络资源

前海海润国际并购基金利用自身的优势，已经建立了一个庞大的网络资源体系。

企业家网络

- 几百家关联企业，上千家合作关系企业
- 大型国企、民企、外企

研究机构网络

- 国内主要大学，研究院所
- 各主要行业协会

地区办事网络
- 将相关各地办事处进一步拓展
- 关注地区性投资机会，扩展地区合作伙伴关系

政府机构网络
- 主要省、市招商引资机构
- 国家级、省市级开发区

投资伙伴网络
- 国内外知名PE、VC、投行
- 知名投资顾问、会计师、律师
- 天使投资人、校友

（3）多策略的投资方法

通过积累多年的经验，前海海润国际并购基金已经建立了一套多策略的投资方法，可以有效应对各种情况。

- 投资极具整合潜力的外延式扩张企业和较大被收购潜能的公司
- 联合产业龙头和上市公司进行并购，低效企业收购后的整合及价值迅速提升
- 尽调方法：顶级智囊专家咨询库力保尽调的广度和深度
- 建立关键节点网络，并通过合理公关和良好友谊使该项目信息体系和调差体系高效运行
- 设计创新的交易框架并自始至终加强风控

- 灵活的投资策略

- 高效的资源整合能力

- 精选项目行业、规模有效控制基金风险

● 持续跟踪宏观经济走势以及资本市场热点

● 深入研究高速发展的子行业的壁、供、需、价、利因素

● 加强行业持续和精深研究

- 本地网络

- 团队拥有广泛人脉网络和独立的项目来源渠道

- 具备与不同职能和不同级别的地方人士沟通和合作的经验

（4）出色的过往业绩

前海海润国际并购基金目前已经取得了出色的投资成绩，这些成绩可以给投资人提供更强的投资信心。

下表列举了前海海润国际并购基金历史上一些比较成功的投资项目。

项目名称	投资回报
杰赛科技	2011 年上市，股票代码 002544（深圳中小板），投资回报 15 倍
广州丰彩	2013 年投资，当年成功退出，内部收益率（IRR）约为 56.1%
天业股份	2014 年投资，当年成功退出，内部收益率（IRR）约为 42.35%
菲奈特软件	2007 年上市，股票代码 NYSE：LFT（美国纽约所），投资回报 4 倍以上
39 健康网	2014 年与上市公司朗玛信息换股合并，股票代码 300288（深圳创业板），投资回报 60 倍以上
光明乳业	2012 年 8 月参与定增，2013 年 10 月退出，一年期定增退出，投资回报 1.4 倍
北京同有飞骥	2010 年投资，2012 年上市，股票代码 300302（深圳创业板），投资回报 7 倍
任子行	2010 年投资，2012 年上市，股票代码 300311（深圳创业板），投资回报 6 倍

续表

项目名称	投资回报
我武生物	2010年投资，2014年上市，股票代码300357（深圳创业板），持有1153万股，目前浮盈超过20倍
永东股份	2010年投资，2015上市，股票代码002753（深圳中小板），尚有1200万股未解禁
海云天科技	2015年与上市公司拓维信息换股合并，股票代码002261（深圳中小板），持有101.9万股
深圳文科园林	2010年投资，2015年上市，股票代码002775（深圳中小板），尚有400万股未解禁
朗顿集团	2014年挂牌新三板，股票代码831505，投资回报100倍以上
韩都衣舍	公司估值翻15倍以上
智媒网络	公司估值翻50倍以上
东田造型	公司估值翻3倍以上
爱美盾网络	公司估值翻5倍以上
南方银谷	公司估值翻20倍以上
周黑鸭	公司估值翻7倍以上
广印堂中药	公司估值翻5倍以上

以2016年4月底的数据为例，前海海润国际并购基金正在募集的项目有两个。

项目名称	智媒海润新四板投资基金	海润宜搜专项投资基金
募集资金	5000万	1亿
最低认缴额	100万	100万
投资标的	互联网金融、移动互联网、工业4.0、创新服务业等领域处于初创期和成长期的高成长性企业	宜搜科技——中国领先的新一代移动搜索引擎

◎ 梧桐投融宝理财管理计划

梧桐投融宝理财管理计划是由前海股权交易中心亲自担任管理人推出的一个理财产品。产品的投资标的以中心挂牌企业的资产收益权为主，还涵盖商业银行存款（活期存款、协议存款、定期存款及除以上存款以外的其他商业银行存款）、商业银行理财产品、国债逆回购、货币市场基金以及其他高等级短期债券资产。

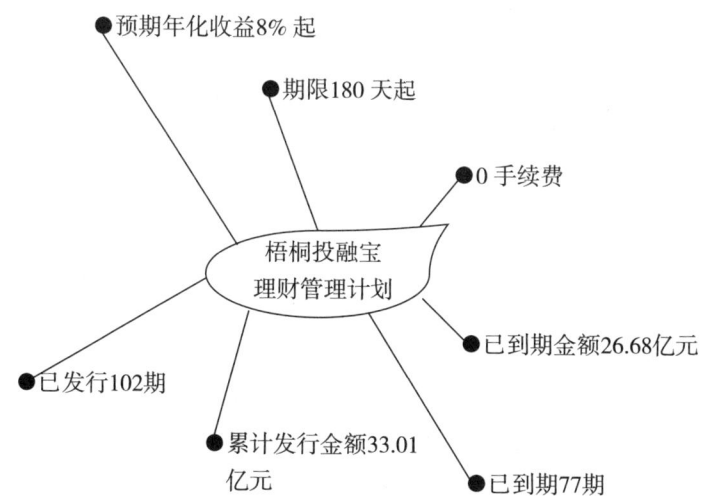

部分已经发行的梧桐投融宝理财管理计划如下所示：

◎ **梧桐私募债**

梧桐私募债是由在前海股权交易中心挂牌的企业，以非公开方式在中心备案后发行或转让，并约定在一定期限内还本付息的债券。投资者如果参与认购梧桐私募债，可以直接与拟发行私募债的企业协商债券利率、期限、抵押担保等条件。

在交易过程中，前海股权交易中心仅作为备案机构，不承担担保责任。

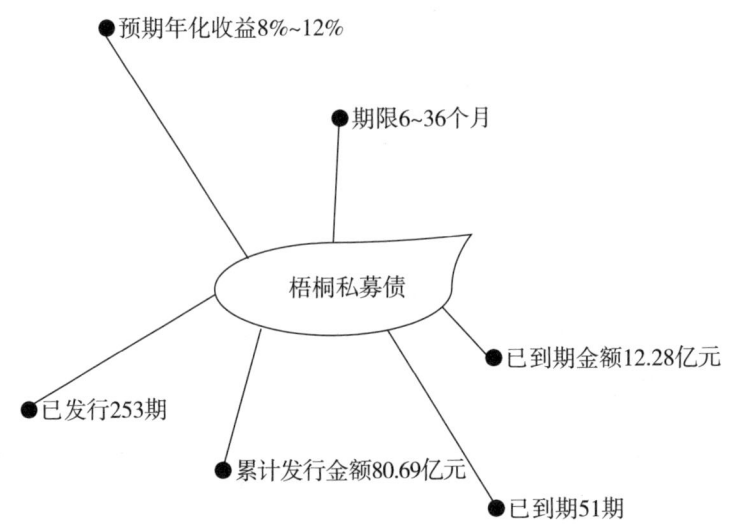

部分已经发行的梧桐私募债如下所示：

◎ 梧桐股权投资

梧桐股权投资是集股权投融资信息发布、撮合、专业服务等功能为一体的综合性股权服务平台。

在股权交易中心提供的平台上，投资者可以看到正在出售股权来融资的企业资料，从中可以选出自己有意向的项目进行投资。

例如2016年4月底，这个平台上发布的项目主要有以下几个：

◎ 梧桐小贷投资

梧桐小贷投资是由前海股权交易中心优先选择国有、上市公司股东背景的小贷公司发行并提供强增信措施的固定收益类产品，中心提供登记、托管、结算等服务，不承担担保责任。

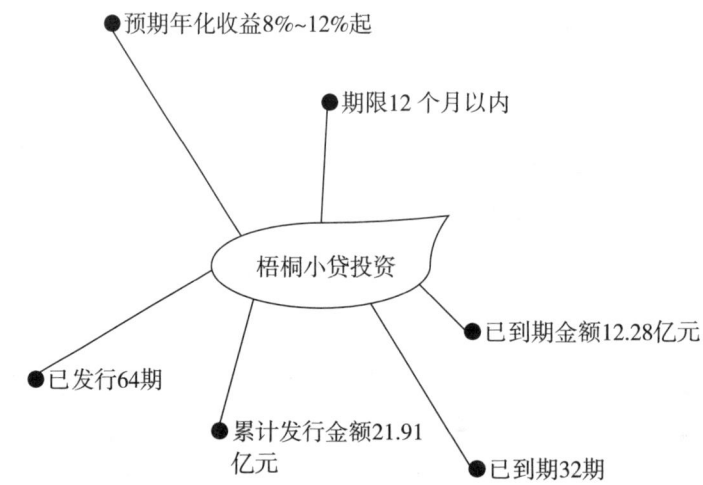

部分已经发行的梧桐小贷投资如下所示：

5.4　投资企业的考察和筛选

投资者在股权交易中心提供的平台上寻找投资项目时，难免会遇到需要考察融资企业的情况。这样的情况下，投资人可以参照以下几个角度，对融资企业进行考察。

◎ 考察企业的资质条件

投资人考察一家企业的时候，首先应该考虑的是这家企业基本的资质条件。对于一般性的行业来说，投资人可以通过工商登记情况、营业执照、企业性质、营业执照的年检和税务登记几个方面进行分析。

■ 工商登记情况 ➡	可以首先反映出一个企业的注册登记成立时间，以此可以判断其历史是否悠久、行业经验是否丰富。
□ 营业执照 ➡	可以反映出该企业的法定代表人是谁，企业经营范围是什么，企业性质如何，企业的注册资金是多少，企业的注册登记地与主要办公地点等企业信息。
■ 企业性质判定 ➡	独立法人的营业执照与非独立法人的营业执照名称不同。从法律上来讲，只有具备独立法人资格的企业才有权独立以自己名义签订合同、履行合同并以自己的财产独立承担责任。
□ 营业执照的年检情况 ➡	可以看出该企业是否属于有效存续期，其经营活动的守法情况如何。
■ 税务登记情况 ➡	可以反映出一个企业的银行账户设立情况，进而判断出该企业的商业信誉和信用等级情况。

对于一些性质比较特殊的行业，投资者还要考察其是否具备特殊行业所要求的经营许可证和资质证书的条件。

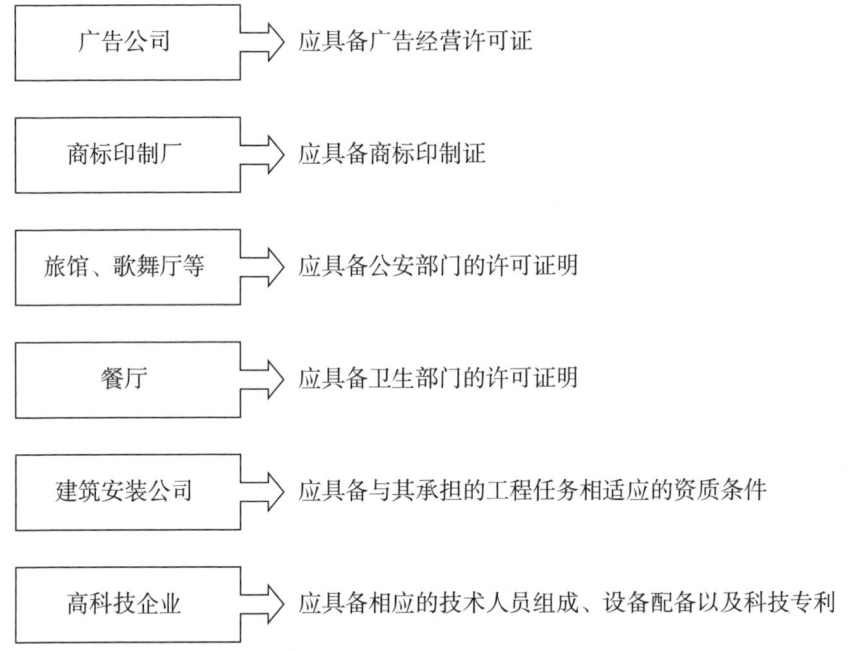

以上企业资质的条件只是对企业进行考察的最基本方面，其中很多部分股权交易中心在为企业提供挂牌服务时就已经考察过了。不过对于投资者来说，还是应该尽量保持谨慎，通过考察这些方面对目标企业有一个全面的认识。

◎ 考察企业的信用等级

投资人在考察企业的信用等级时，可以从银行开户情况、财务报表、银行贷款、缴税情况和合同履约情况等方面着手进行分析。

■ 银行的开户情况 ⇨ 银行账户是资金进出企业的门户,可以反映出一个企业是否诚实守信,有无恶意逃避债务和诈骗的嫌疑。

□ 财务报表 ⇨ 财务报表可以反映出一个企业的资产负债情况、资金使用情况和利润多少以及分配情况,可以反映出该企业是否应收账款过多,是否存在容易引发呆死账的风险。

■ 银行贷款 ⇨ 银行贷款最能反映出一个企业信用等级的好与坏,因为没有一家银行愿意将自己的贷款放给一家没有偿还能力的企业。

□ 税费缴纳 ⇨ 如果一个企业经常有偷税漏税情况发生,那么它绝对不是一个值得信赖的企业。

■ 合同履约情况 ⇨ 可以从考察目标与其他企业的合同履行情况进行分析。如果有恶意履行不良或履行能力欠佳实际情况发生的,特别是存在过多违约而导致被诉情况发生的,最好不要与其进行合作。

◎ 考察企业的主要产品

产品是一家企业最核心的竞争力。一家优秀的企业,必然会有一个非常有市场竞争力的核心产品。投资者在考察一家企业时,可以从以下几个角度去考察企业的产品是否具备足够的市场竞争力。

■ 独创性及新颖性 ⇨ 值得投资的产品一定要具备极高的创新性,不仅要分析其提交的科技查新报告,更要通过独立可信的专业机构对其进行完整评价,甚至要做专利分析。

□ 预期寿命 ⇨ 无论产品多么有创意,仅仅具有短期市场需求的产品绝对不是规模投资的选择目标,分析产品的预期寿命是专业投资必不可少的重要环节。

- 市场规模 ⇨ 为得到投资回报，产品的预期市场面一定要有规模，即使单位回报率很高，没有市场规模的支撑也不会有实现总量的高额回报。

- 升级转型能力 ⇨ 缺乏升级换代需求的产品不具有长期投资价值，任何产品都会随着时代的发展面临淘汰，不具备升级换代及转型能力的产品在投资前最好有合理的阶段价值评估报告来解释。

◎ 考察企业的经营团队

经营团队决定了一家企业能否长期经营下去。那些缺乏优秀经营团队的企业，可能在短期内因为某个产品而大幅获利，一旦优势产品的生命周期结束，企业就很难继续长期发展下去。投资者在考察企业时，可以从以下几个角度分析企业的经营团队是否足够优秀。

- 基础水平 ⇨ 基础水平包括团队主要成员的年龄、学历、专业、专长、品德、智商、情商、工作经验、工作能力、抗打击能力等多方面的基础因素。这些内容一般要细化到所有管理层人员，尽可能真实地反映团队的基础能力和水平。

- 整体能力 ⇨ 基于个体基础能力分析的综合指标。其主要内容包括：团队成员的搭配合理程度、互补合作程度、团队民主决策与个体独当一面共存的程度、企业文化及管理水平的高低。管理混乱、缺少文化的团队很可怕。有的企业团队，个体能力都很强，但整体上不搭配，就说明整体能力很低，不是很好的投资目标。

- 危机处理 ⇨ 团队中所有个体成员都需要具备必要的危机处理能力，对骨干成员的要求更高。尤其是大喜大怒的情形，不一定要求喜怒皆不形于色，最起码大怒的时候不能失去理智，大喜的时候不能盛气凌人。骨干成员常态下的能力与危机应对时的能力应该相结合，许多企业的失败缘于决策者大怒或大喜时的非理智决策。

- 制度意识 ⇨ 企业管理层是否注重制度建设也决定企业投资的价值。生存能力强大的企业无一不是制度严谨、管理有序、执行高效。制度管人是实现企业壮大的基础。

◎ 考察过程中的六个重点

通过以上几项分析，我们可以对企业的基本情况、信用情况、核心竞争力和经营的持续性有一个全面的认识。在整个考察过程中，有几个细节我们要特别注意。

■ 现金流分析 ⇨ 企业现金流是影响企业偿债能力的重要因素，并能真实反映投、融资对企业经营活动的影响。因此考察企业财报时应重视对企业现金流的考察。

□ 履约评价 ⇨ 现在我国还没有一个完善的企业信用档案系统。投资人考察企业的过程中，就需要自己去分析企业的信用状况。实际操作过程中，企业尤其是中小企业合同违约、债务拖欠、恶意逃债、信用欺诈的行为屡有发生。因此，我们考察企业时，也需要对这些方面多加留意。

■ 未来发展前景 ⇨ 投资新四板企业，重点是投资企业的未来。中小企业与大企业相比，资金少、规模小、管理水平低，在市场经济大潮中抗风险能力低。相对的优势则是"船小好掉头"，决策效率高，容易抢占市场制高点。如能赶上发展机遇，短时间内就会有一个大发展。

□ 重视创新 ⇨ 中小企业能够成功的一个优势是灵活，另一个优势就是创新。在知识经济的今天，创新更具有决定性的意义，只有灵活加创新才是中小企业的唯一出路。

■ 重视成长 ⇨ 中小企业的创新能力归根结底要体现在创新项目的经济成长性上。只有投入资金少、投产时间短、经济回报快的"短、平、快"项目，才能帮助中小企业不断把创新成果转化为经济实力。

□ 重视发展性 ⇨ 从技术方面来看，发展性是企业的技术是否可以带来进一步的技术创新；
从经济方面来看，发展性是指企业的技术是否具有良好的市场推广价值，是否能够提高产品的市场占有率；
从环境方面来看，发展性是指新技术是否具有良好的环保意识，是否可以长期持续发展。

5.5 认识著名的天使投资人

天使投资人以投资初创期的企业为生。通过天使投资行业中著名投资人的案例，我们可以学习怎样才能成为一名优秀的投资人。

◎ 孙正义：广撒网投资阿里巴巴

> 2014年9月19日晚，阿里巴巴登陆纽交所，首日大涨38%。以收盘价计算，阿里巴巴市值达2314亿美元。一场"造富效应"也旋即爆发。据彭博亿万富豪指数（Bloomberg Billionaires Index）显示，2014年9月16日，57岁的日本软银集团董事长孙正义的财富净值达166亿美元，荣登日本首富。

14年前，孙正义在当时名不见经传的阿里巴巴上投下了2000万美元的赌注。14年后，这家当时的互联网门户网站演变成了中国头号网上购物商城，并且在纽交所上市。

据媒体报道，软银集团持有阿里巴巴集团约34%的股权，孙正义在2000年以2000万美元购入阿里巴巴的股份，至此其账面价值将超过500亿美元，获利超2000倍。

（1）选准方向、广撒网

早年间，孙正义在接受采访时感叹："网络上，一切东西变化都太快了，所以你不能走寻常路。"

自从20世纪90年代中期，互联网便如一颗新星冉冉升起。孙正义当时非常看好互联网行业的发展。不过他也知道，互联网未来的发展方向难以预测。于是他采取广撒网的策略，开始四处寻找互联网企业并疯狂投资。

为了寻找未来最有前途的新技术和在线业务模式，他在几百家默默无闻的科技初创企业上砸下了几十亿美元。其中，孙正义在 14 年前向阿里巴巴投入了 2000 万美元。当时，阿里巴巴仍是中国一家小型的电子商务公司。

（2）孙正义的"扩张基因"

对阿里巴巴的成功投资并没有改变孙正义的"扩张基因"。

就在阿里巴巴上市后不久，软银旗下的美国子公司 SprintCorp 还在努力收购 T‐MobileUSInc.，两者分别是美国第三大和第四大通信运营商。虽然收购交易最终未能成功，不过孙正义仍希望未来有可能再次进行收购。他正在等待监管环境出现改善，或者自己的谈判砝码增加。

此外，软银并未计划将所持的阿里股份变现，孙正义或酝酿着更为宏大的计划。他此前表示，相信随着两家公司在美国活动的增加，他可以利用在阿里巴巴持有的股份，在两家公司之间形成协同效应。他将阿里巴巴形容为"不可或缺的战略合作伙伴"。

他在软银的年报中写道："软银区别于其他公司的根本在于我们的互联网背景，而不仅仅是电信业务背景。软银集团的目标是成为移动互联网领域的世界第一。我们对于集团的愿景是，通过提供多样化的服务和内容，如音乐、视频、电子商务和财务结算等，让全世界的人们拥有丰富多彩的生活方式。"

早前在接受《日经产业新闻》采访期间，孙正义被问到为何软银以如此狂热的速度扩展业务，他的回答是："一家公司的价值是由挑战和发展决定的。一家只会固守已有成就的公司不会做大做强，而只会在一个不断发展变化的世界里沉底。"

（3）酷爱《孙子兵法》

孙正义曾说："如果没有《孙子兵法》就没有我孙正义。"孙正义曾带了一台翻译机打进日本市场，然后做软件银行，即智囊银行，应用了《孙子兵法》的智慧。他是日本第一个搞网络电话的人，投资2亿日元打造通信网络，从"情报帝国"走向"传媒帝国"。

曾是孙正义下属、现任SBL大学院大学事务局长的石川说：孙正义是创新的天才，他的生意点子特别多，从1995年开始，他涉足互联网和电信投资，先后帮助雅虎、UT斯达康、新浪、网易、阿里巴巴、分众传媒、盛大网络等获得了巨大成功，还创办了网络情报大学院和软银金融大学院。

孙正义酷爱《孙子兵法》，在病卧中也要坚持捧读，琢磨为什么兵法13篇中第一篇是计篇，因为万事从计划开始。孙子前面六篇全部讲了战前准备，孙正义认为，战前准备到位，打仗的结果就不言而喻。他还把孙子语录作为厂训放在大门口：一边是"胜兵先胜而后求战"，另一边是"败兵先战而后求胜"。他将孙子的精髓应用到软银的一次次投资并购中，做到了真正的"不战而胜"。

（4）马云眼里的孙正义——6分钟，3500万美元

马云曾经为孙正义的自传《飞得更高》作序，在文章里是这么评价孙正义的。

我说了6分钟，孙正义给我3500万美元。我没想到钱来得那么轻松，他没想到我不是来向他要钱的。

后来想起来，这是我一生中最戏剧化的一个场景。

那是1999年10月的一天，我被安排与雅虎最大的股东、被称为网络风向标的软银老总孙正义见面。当时我经营的阿里巴巴还算不错，我选择投资人很慎重，已经拒绝了38家风险投资商的资金，只接受了以高盛为首的投资集团500万美元的投资，所以我并不缺钱。但是，从孙正义的眼神中，我知道我们一定要握手。

孙正义和我说的第一句话是："说说你的阿里巴巴吧！"于是我就开始讲公司的目标，本来准备讲一个小时，可是刚刚开始6分钟，孙正义就从办公室那一头走过来，"我决定投资你的公司，你要多少钱？"

我一下子蒙了,"我并没有打算向你要钱啊"。

我们对视了一小会儿,不约而同地呵呵笑了起来,四只手也紧紧地握在了一起。不用说话,彼此心里都知道,我们是一辈子的朋友,早就注定了的。

我见过聪明的人物有很多,孙正义却是其中最特别的。他神色木讷,说很古怪的英语,但是几乎没有一句多余的话,像金庸笔下的乔峰,有点大智若愚。

我们都在这6分钟内,明白对方是什么样的人——迅速决断、想做大事、说到做到。

后来我才知道,软银每年接受700家公司的投资申请,只对其中70家公司投资,而孙正义只对其中一家亲自谈判,只对我在这么短的时间内做出了投资决定。

他对我说:"保持你独特的领导气质,这是我为你投资的最重要的原因。"

我一下子想起来,孙正义当年注资雅虎1亿美元的时候,雅虎只有15个人,十分弱小,大概他也是看出了杨致远的某些潜力。

我对自己的能力极为自负,可是那次,孙正义给我上了一课,至今我都在研究:他锐利的投资眼光,是否来自神灵的赋予?

我很荣幸有缘与孙正义先生握手。若是没有这次握手,阿里巴巴和淘宝网的事业不会像今天这样顺利展开,尤其是在我收购雅虎中国的行动中。

从孙正义投资阿里巴巴至今,一直十分信任我,几乎完全没有干预过企业的相关事务。他和我的理念一样,就是要赢在未来,对阿里巴巴做长期的战略考虑。我常在电话中和他开玩笑,"阿里巴巴如果缺钱,我第一个电话肯定打给你"。他说,"你当然应该打给我啊"。

没想到这样的玩笑却在现实中得到了解释。在我收购雅虎中国的过程中,他主动让出了3.5亿美元的股份。

有媒体评价孙正义的行为只是为了套现,但很明显的是,他投资的阿里巴巴和淘宝网目前都处在飞速发展时期，如果继续投入资金，或者继续持有原来的股份，将可以在很短的时间内和长期获得更加丰厚的回报。当时3.5亿美元的套现，对他而言，根本算不了什么。

这种感觉，只有在我和他才能理解。雅虎、阿里巴巴、孙正义，都将钱押在了未来和信念上面。

他对我说："Jack，就是因为要跟你做一辈子的朋友，我才愿意退出。"这句话，在我眼里的价值，远远高出3.5亿美元！

在产业最低谷的时候仍然坚定不移坚持理想的人不多，孙正义就是这样一个在全世界难得一见的大智慧的人。

◎ 徐小平：深度投资聚美优品

> 徐小平不仅是新东方早期的三驾"马车"之一，也是最活跃的天使投资人，涉及项目超过100个。
>
> 其中，婚恋网站世纪佳缘、外贸B2C兰亭集势、化妆品电商聚美优品已经上市，徐小平部分退出。他投资聚美优品获得近800倍账面回报，投资兰亭集势获得253倍账面回报。

真格基金的创始人徐小平是聚美优品最早的投资人。2014年5月，聚美优品在纽约证券交易所上市，徐小平从最初向聚美优品提供的一笔天使投资中获得的回报近800倍，账面收益近3亿美元，成为他迄今为止回报最高的投资。

（1）陈欧眼里的徐小平

在接受采访时，陈欧说徐小平是一个对创业者不挑刺、很温暖的人。

徐小平投资聚美优品这笔价值上亿美元的投资交易，自2007年陈欧从新加坡南洋理工大学毕业回国时已现雏形。在中国大饭店，徐小平单刀直入，他直接问陈欧关于钱的问题——你要多少？给我多少股份？

这次交谈最终谈妥的协议价是18万美元、10%的股份，陈欧对自己团队"200万美元"估值的坚持成为徐小平日后津津乐道的"投资点"。

"其实这就是一个十几分钟的对话,谈判如此干脆利落。我马上给他打电话,希望把一套房子借给他用。"徐小平在天使投资之初,将中关村海淀黄庄地铁口的"创业者乐园"交予陈欧。

此后团队两度调整创业内容,而在这半年时间里,徐小平有意不主动联系陈欧,似乎有意避免施加压力。

天使投资完成后,徐小平创立的真格基金与红杉资本中国基金、险峰华兴在2011年向聚美优品进行了总额为650万美元的A轮投资,回报率也达到五六百倍。

(2) 徐小平对聚美优品的深度投资

徐小平向陈欧团队提供的并不仅仅是融资这么简单。

当陈欧团队尚在寻找方向时,徐小平也曾表达过担忧:"虽然我多次想打电话给陈欧,但电话拿起来又放下了,我不想在创业者没有好消息的时候给他们压力。"

做游戏植入失败,陈欧团队在自行摸索中发现了网上卖化妆品的新领域。陈欧说:"和徐老师聊了后,徐小平当即表示支持。"徐小平对于陈欧决定转型和对团购模式萌发的兴趣颇为看好,而在电话那头,陈欧不敢相信突如其来的坚定支持,甚至怀疑是在讽刺他。

此时令他们兴奋的还只是聚美优品的前身——团美网,由陈欧、戴雨森、刘辉三人在2010年3月创立于北京。2010年9月,团美网正式启用聚美优品新品牌,并且启用全新域名。聚美优品本质上是一家垂直行业的B2C网站,从最初每日一件限时折扣团购模式的团美网,到现在每日多件产品限时抢购的聚美优品,公司单月销售规模已在一年半内增至上亿元。

实际上,陈欧的营销手法也受到徐小平的影响。2011年初,董事会提出让陈欧为他创办的聚美优品做代言人,而当时的陈欧对此十分犹豫。讨论过程中,徐小平列举了搜狐CEO张朝阳的例子,在他看来,同为互联网创业者,张朝阳通过自我宣传帮助网站知名度提升是性价比极高的做法。徐小平也希望陈欧站出来。

结果,"陈欧体"一度成为热门话题,陈欧"拿自己营销"的手法也越发精进成熟。陈欧之后又以老板团成员的身份参与了天津卫视招聘栏目《非你莫属》的录制,聚美优品的知名度随之迅速上升,日均销量也从 50 万元增长到 150 万元。

先后在世纪佳缘网和聚美优品品牌管理有限公司担任副总裁的刘惠璞曾评价:"别人参加电视节目是以玩的心态去的,但陈欧不是,他是以市场营销观念去的。"

外界看到了陈欧的成功营销,却鲜有人知道天使投资人徐小平在背后的关键性点拨。事实上,徐小平的高调营销概念在他自己身上也多有体现。电影《中国合伙人》的剧本初稿就是由徐小平提供。

(3)拷问聚美卖假货问题

虽然与聚美优品的感情深厚,但当"卖假货"的问题发生时,徐小平却毫不犹豫地站在了陈欧和聚美优品的对立面。

在一档节目的录制现场,徐小平公开拷问"陈欧卖假货"的行为。

当时聚美热度高涨的 301 大促活动,让网站的关注度直线上升,仅仅三天时间,销售额就过 10 亿元。但"大促"背后发配货不及时、客服联系不上、网站商品与实物不符等问题凸显,导致聚美优品陷入了品牌信誉危机,尤其是一位买家曝出购买聚美优品中的倩碧黄油致毁容一事,使聚美优品陷入了"售假"的质疑中。

"那你事后做了什么?"徐小平当时质问陈欧。

"我们早已开始发起真品联盟,并且推进防伪标签标准。前几天还刚刚上了新闻联播。对于假货我是零容忍,因为我是一个极度爱惜自己名誉的人。"

"那你觉得你错了吗?错在哪里?"徐小平追问。

"最大的错还是因为经验不足。预判不够,服务体系没跟上,但我肯定不会卖假货人格破产。"

问题发生时,徐小平作为投资者的严苛与陈欧描述的——给创业者支持的"精神导师"角色大相径庭。即便在公开场合,徐小平也并未给这位海归新贵 CEO 留面子。

徐小平事后对此的解答是:"我不会投资一个卖假货的公司,绝不会用自己的一世英名去赌。必须确信,才会支持。"

2014 年 8 月 18 日,聚美优品宣布任命徐小平为公司独立董事,除此之外,徐小平还将担任聚美优品董事会下属的审计委员会成员。风波过后,徐小平重拾了对陈欧和聚美优品的信心,仍将陈欧团队的经历作为创业者的样本。

◎ 大卫·切瑞顿:投资谷歌

> 大卫·切瑞顿是世界上最富有的教授。
>
> 1998 年,他以 10 万美元投资谷歌。谷歌上市后,这笔投资的市值达到 17 亿美元,翻了 17000 倍。

(1)投资可能成功的新事物

大卫·切瑞顿生于加拿大,1981 年受聘于斯坦福大学的计算机系,此后一直在此任教。

1998 年的一个傍晚,两个斯坦福大学的博士研究生来到大卫·切瑞顿的家里,谈到他们要创办公司的想法。大卫·切瑞顿站在自家的门廊里,给他们开了一张 10 万美元的支票。这两个博士生一个叫拉里·佩奇,另一个叫谢尔盖·布林,他们创办的公司名叫谷歌。

切瑞顿认为时间是最重要的。他投资给谷歌的一个重要原因是希望使忙于备考的大学新生们得以不受其他搜索引擎上泛滥的垃圾信息困扰。他非常喜欢的另一家公司叫作 Arista Networks,其生产的数据交换机能缩短服务器之间的延迟时间,使信息传输时间降至 500 纳秒之内,这一速度比思科和 Juniper 公司最好的产品几乎快上一倍。这使华尔街交易员下单时可以比竞争对手快上好几纳秒,使医生可以实时测定病人的基因序列。

大卫·切瑞顿一向生活简朴、行事低调,在斯坦福大学校园里,没有几个学生能叫出他的名字。他唯一奢侈的爱好就是支持年轻的学生们

"创办公司",他表示:"我不觉得钱这个东西很有趣,它只是用来让新事物成功的必要条件。"

(2) 计算机博士

大卫·切瑞顿投资谷歌并不是空穴来风。他本人是计算机专业的博士,并且一直在斯坦福大学的计算机系任教。

20世纪50年代,大卫·切瑞顿出生在加拿大的温哥华,在家里六个孩子中排行第三。考大学的时候,他原本的选择是学习古典吉他,但阿尔伯塔大学的音乐专业没有录取他,这让他不得不退一步选择了数学专业。

切瑞顿牢牢记得第一次接触电脑的那一天,他戏称那是自己的"史前时期"——高中的后两年。"我记得数学老师开始讲起计算机的话题,但我不能肯定之前是否有过一台。不过那时我第一次真正注意到了计算机。"他说:"一直到大学一年级,我才第一次使用。"

一开始他在阿尔伯塔大学攻读数学,后来转入英属哥伦比亚大学学习计算机科学。随后,他在滑铁卢大学获得了计算机的硕士和博士学位。

1981年,斯坦福向他抛出了橄榄枝,他来到这里,"想尝试一些不同的东西"。

"斯坦福的计算机研究具有世界级的水平,我就想试一试,和大牛们比拼一下。"他说。

2005年秋天,切瑞顿教授向滑铁卢大学捐赠了2500万美元,作为在计算机科学领域获得杰出成就的奖励。滑铁卢大学以他的名字重新命名了计算机学院。

(3) 天使投资的转折点

切瑞顿事业的转折点大概是在1995年,当时他参与创建了一个名叫Granite Systems的公司。这家公司成立仅14个月之后,思科就以2200万美元的价格购买了这家公司。这次收购,让切瑞顿拥有必要的资本,可以投资其他的创业公司。

"在我做教授的很长一段时间内,我完全没有什么钱可以用来投资。"切瑞顿说,"好像是一夜之间,我从需要担心怎么还房屋贷款,到还清贷款，再也不用想贷款的事。"

从那时开始，就有斯坦福学生来找切瑞顿教授，请他投资他们的公司，或者就是简单地请他给些意见。从此，他就成了一名兼职的天使投资人。

除了投资，切瑞顿还担任过这些公司的咨询委员会和董事会的成员。因为他拥有计算机和商业两方面的专长，他不仅可以与投资人谈投资，还能与客户谈产品。他最新投资的公司名叫 Arista Networks，这是一个加快服务器数据转换的专业公司。

相对于投资成功，切瑞顿把自己给计算机领域带来的变化看得更重一些。"我不觉得钱这个东西很有趣，它只是用来让新事物成功的必要条件。"他说，"我非常喜欢我所做的事情，我比以往任何时候都更加努力工作。"

（4）特立独行的生活做派

在《福布斯》杂志 2013 年 3 月发布的富豪榜中，大卫·切瑞顿的身价为 17 亿美元，跻身加拿大最富有的 20 人之列，但他从未变现过谷歌的股票，仍然开着那辆老式的本田车，每天工作 10~12 小时。

切瑞顿一直保持低调作风。当《福布斯》的记者在斯坦福拿他的名字随机地问一些学生时，有几个停下来思考，然后问这个姓氏拼写方式是不是和喜来登旗下的连锁酒店一样。学生们很少意识到，这位导师竟然是全球最富有的教授。看起来他总是喜欢反复饮用茶包，而且开着一辆老式本田车到处跑。

目前为止，切瑞顿还住在帕洛阿尔托的一处殖民地风格的房子里，30多年都没有换过。他坚持自己理发，理由是自己动手比较简单，可以节省一些时间。"不是说我不接受发型师。"

2003 年获得斯坦福大学电气工程博士的梁松，非常感激切瑞顿的教导。当时他已经毕业，想要开发一个更高级的移动定位技术，于是他向切瑞顿咨询关于创办公司的问题。尽管毕业已经 10 多年，梁松觉得切瑞顿的尖锐批评还是很有价值的。

"切瑞顿是我见过的最锐利的人。"梁松说,"他想得很不一样,也教导我们去想得不一样:不要随大流或者是潮流。他希望他的学生从大处着眼,试图找出一种方式来改变世界。"

关于投资,切瑞顿更愿意投给那些他个人喜欢用的产品和服务,比如谷歌的高端搜索引擎。他肯定不会因为压力而随大流。

"我一直很欣赏他的态度。他对那些时尚的或者是政治正确的或者是传统智慧的东西,几乎完全无视。"最早从切瑞顿手下毕业的博士生威利·斯瓦内波说,"刚开始,我完全被他的不敬惊呆了,因为我觉得那些是广为接受的原则。但随着时间的推移,我开始发现他的确打开一个人的视野,以新的方式解决问题。"

◎ 蔡文胜:投资美图秀秀和58同城

> 2000年左右,蔡文胜投资域名并获得巨大成功。
> 2003年5月,创办265,并于2007年被Google收购。
> 2007年之后,开始进行网络投资,先后投资数十个优秀网站,成为中国著名的天使投资人。

(1)偏爱草根的草根天使投资人

蔡文胜是草根出身的天使投资人。他不像其他投资人那样言语中不时夹杂着英语单词或专业术语,甚至他说话时还有浓重的福建口音。这样的一个天使投资人,给人的感觉是非常踏实、坦诚。

蔡文胜的坦诚不仅体现在外表上。当被问及"什么是创业"时,他直言不讳道:"创业就是赚钱,投资就是用钱赚钱!创业其实最大的原动力还是为了赚钱!只是到了某一阶段,你赚到钱了,才会升华为理想、为社会、为国家做出不一样的事情。"

就在这个全民创业,创业被当作信仰,被定义为生活方式、实现梦想、做喜欢的事情的时代,他这么直白的回答透漏出了作为一个投资人的冷静和睿智。

在天使投资人这个高端人士的群体中,蔡文胜好像显得格格不入:出生于福建农村,高中便辍学,十几岁就摸爬滚打地经商,卖过廉价化妆品,倒腾过服装,靠买域名捞了第一桶金……别说英文,连普通话都说不好的蔡文胜,却成了一位知名的天使投资人。

作为天使投资人,他投资的 3 家公司已经上市:银行卡优惠券平台 TTG 于 2012 年在悉尼 ASX 证券交易所上市,游戏研发公司 Forgame 于 2013 年在香港联交所上市,更知名的是,2013 年在美国纽交所上市的分类信息网站 58 同城。

与其他"科班出身"的天使投资人相比,草根出身的蔡文胜投资的项目也非常草根。这些企业多数是由草根创建,经营一些草根的业务。例如,91 助手创始人熊俊只是福建本地一所普通本科毕业生,冷笑话精选创始人伊光旭大学都没毕业,美图秀秀创始人吴欣鸿更是干脆没读大学。

蔡文胜也深深知道,在互联网时代中,给草根提供了机会,让草根也能做梦,不过低头看看现实,草根要想成功仍然非常困难。饱尝市场冷暖的蔡文胜比谁都明白草根创业的艰难。所以,一看到投资机会,他就会毫不犹豫地主动出击,以速度来抢占先机。

收购暴风影音时,面对软银、IDG、百度等强劲对手,蔡文胜的制胜秘诀就是"直接打钱"。在竞争对手按部就班讨论、"走流程"时,他直接找到暴风影音作者周胜军,在双方达成口头约定的半小时内,将 1200 万元划到对方账户。

与投资机构资金来源广泛不同,蔡文胜做天使投资人是自费掏腰包——1200 万元几乎是他所有积蓄。然而,蔡文胜并非冲动莽撞。周胜军是哈尔滨软件工程师出身,作为"站长之王"的蔡文胜当然了解这位个人站长。

有人调侃蔡文胜投资草根源于"不认识什么高大上的人物"。蔡文胜却认为投资草根并非劣势。在他看来,早期的中国互联网是精英和海归的主战场,随着互联网的普及和飞速发展,"中国已经进入全民互联网阶段,所以各行各业都会有优势。所以,这个时候,没有特定的海归或者土鳖,谁都能在这个领域找到你适合的创业平台或者方向"。

在众人狂热时保持对创业的敬畏,在众人绝望时不丢失对创业成功的希望,这才是蔡文胜成功的秘诀。

(2)风投首先是风险

所谓草根,出身卑微,在市场中摸爬滚打,经历风雨历练,和市场走得更近,所以更接地气,也"懒"得来虚的,更能直接面对惨淡的现实。

他曾经直言,"创业是少数人能做的事""创业成功是小概率事件"。此外他还认为,"很多创业是无心插柳柳成荫的事情。真正的大成功,如果一开始你就是设定好了要怎么样的话,其实反而不会太成功,能成功也是一个中等。真正的大成功其实都是一个无心插柳柳成荫的事情"。

例如,2008年他投资美图秀秀,并没有想到这家公司未来会这么成功。直到2012年发现美图秀秀露出成功的迹象,"能影响那么多人,能够做出更多的",他"才全力投进来"。

在58同城、暴风影音等成功的案例背后,蔡文胜也从不掩饰自己那些失败的案例。在投资圈里,流传着这样一个段子:蔡文胜和几位投资大佬一起讨论投资失败的案子数量。有人说30多个,有人说50多个,蔡文胜一开口震惊在座所有人:"大概100多个了吧,反正我也记不清了。"

在"电子杂志潮"风生水起时,蔡文胜曾投资过汪东风创办的电子杂志ZCOM,后者因缺乏优质内容,单月亏损近200万元,最终汪东风低调离开,加盟蔡文胜旗下游戏公司4399。

2011年蔡文胜向旗下有"冷笑话精选""创意铺子"等公众号的飞博共创投资数百万元,尽管"冷笑话精选"的粉丝量有上千万之多,但仍未能将关注力转化为影响力,更是没能实现盈利。

除此之外,他还曾是Windows优化大师的天使投资人,如今,在360系列、腾讯电脑管家等强大同行的竞争下,这款计算机辅助软件已经消失得无影无踪。

他还投资过一款著名的下载软件网际快车,最新版本更新至2013年7

月2日。

很多天使投资人都喜欢大肆宣扬自己成功的案例。蔡文胜却认为，那些更多的投资失败案例，就像硬币的B面一样，可能永远被静静地隐藏着，不被提及。而这些"不见阳光"的投资失败案例，才是大多数投资的最终结果。

（3）"跳"进创业的圈子

蔡文胜认为，创业最终能够成功的是少数人，做天使投资最终能够成功的也是少数人。你究竟是不是能成功的"少数人"，能不能在成功的道路上坚持下去，可能连自己都不敢肯定。老实说，向来以阅人无数自称的投资人，也没有练就一双火眼金睛。他们同样是凡身肉体，面对前途未卜的创业前景和复杂难以洞察的人性，一样是心里没谱。

不过，虽然投资人无法摆脱"靠天吃饭"的命运，但是，其中的成功者已经能够摆脱一味被动等待"天降甘霖"的命运。他们开始懂得借助时机来审视自己的判断与选择——对挫折做出的反应。为此，很多投资人已经"跳"进创业的圈子，和创业者在一起，近距离观察和审视。仅仅作为旁观者，很容易走马观花从而遗落沧海的"珍珠"。

在蔡文胜投资名单中，58同城是值得骄傲的一笔。当年蔡文胜投资58同城，与其说是看好分类信息这个方向，不如说是看好创始人姚劲波。后来，蔡文胜直接搬到北京富力城，与姚劲波面对面办公。

也正是那一年，拿到融资的58同城反而出现致命危机。资本的充足让姚劲波冒进起来，恰逢2008年金融危机，58同城又尚未找到合适的盈利模式，不到1年时间，钱烧光了。跌入资金困境的姚劲波面临的选择好像只有一个——解散公司。

此时蔡文胜在观察姚劲波。让他吃惊的是，姚劲波做了大胆的抉择：从家中拿钱，甚至卖掉自己的资产继续维护公司发展，同时将公司搬到便宜的民房中去。

据蔡文胜回忆，在58同城发展过程中，曾经面临三次资金断流的状况，眼看员工下月的工资发不下来。有时，连作为投资人的蔡文胜都表示

"要不就算了"，姚劲波却依然选择坚守。

蔡文胜在危机中检验了姚劲波，并选择与姚劲波在一起，姚劲波也没有放弃。最终，蔡文胜收获丰厚投资回报，而姚劲波收获了一个上市公司。

附录一 《国务院关于清理整顿各类交易场所切实防范金融风险的决定》

国发〔2011〕38号

各省、自治区、直辖市人民政府，国务院各部委、各直属机构：

近年来，一些地区为推进权益（如股权、产权等）和商品市场发展，陆续批准设立了一些从事产权交易、文化艺术品交易和大宗商品中远期交易等各种类型的交易场所（以下简称交易场所）。由于缺乏规范管理，在交易场所设立和交易活动中违法违规问题日益突出，风险不断暴露，引起了社会广泛关注。为防范金融风险，规范市场秩序，维护社会稳定，现作出如下决定：

一、高度重视各类交易场所违法交易活动蕴藏的风险

交易场所是为所有市场参与者提供平等、透明交易机会，进行有序交易的平台，具有较强的社会性和公开性，需要依法规范管理，确保安全运行。其中，证券和期货交易更是具有特殊的金融属性和风险属性，直接关系到经济金融安全和社会稳定，必须在经批准的特定交易场所，遵循严格的管理制度规范进行。目前，一些交易场所未经批准违法开展证券期货交易活动；有的交易场所管理不规范，存在严重投机和价格操纵行为；个别交易场所股东直接参与买卖，甚至发生管理人员侵吞客户资金、经营者卷款逃跑等问题。这些问题如发展蔓延下去，极易引发系统性、区域性金融风险，甚至影响社会稳定，必须及早采取措施坚决予以纠正。

各地人民政府和国务院有关部门要统一认识，高度重视各类交易场所存在的违法违规问题，从维护市场秩序和社会稳定的大局出发，切实做好清理整顿各类交易场所和规范市场秩序的各项工作。各类交易场所要建立健全规章制度，严格遵守信息披露、公平交易和风险管理等各项规定。建立与风险承受能力、投资知识和经验相适应的投资者管理制度，提高投资者风险意识和辨别能力，切实保护投资者合法权益。

二、建立分工明确、密切协作的工作机制

为加强对清理整顿交易场所和规范市场秩序工作的组织领导，形成既有分工又相互配合的监管机制，建立由证监会牵头，有关部门参加的"清理整顿各类交易场所部际联席会议"（以下简称联席会议）制度。联席会议的主要任务是，统筹协调有关部门和省级人民政府清理整顿违法证券期货交易工作，督导建立对各类交易场所和交易产品的规范管理制度，完成国务院交办的其他事项。联席会议日常办事机构设在证监会。

联席会议不代替国务院有关部门和省级人民政府的监管职责。对经国务院或国务院金融管理部门批准设立从事金融产品交易的交易场所，由国务院金融管理部门负责日常监管。其他交易场所均由省级人民政府按照属地管理原则负责监管，并切实做好统计监测、违规处理和风险处置工作。联席会议及相关部门和省级人民政府要及时沟通情况，加强协调配合，齐心协力做好各类交易场所清理整顿和规范工作。

三、健全管理制度、严格管理程序

自本决定下发之日起，除依法设立的证券交易所或国务院批准的从事金融产品交易的交易场所外，任何交易场所均不得将任何权益拆分为均等份额公开发行，不得采取集中竞价、做市商等集中交易方式进行交易；不得将权益按照标准化交易单位持续挂牌交易，任何投资者买入后卖出或卖出后买入同一交易品种的时间间隔不得少于5个交易日；除法律、行政法规另有规定外，权益持有人累计不得超过200人。

除依法经国务院或国务院期货监管机构批准设立从事期货交易的交易场所外，任何单位一律不得以集中竞价、电子撮合、匿名交易、做市商等集中交易方式进行标准化合约交易。

从事保险、信贷、黄金等金融产品交易的交易场所，必须经国务院相关金融管理部门批准设立。

为规范交易场所名称，凡使用"交易所"字样的交易场所，除经国务院或国务院金融管理部门批准的外，必须报省级人民政府批准；省级人民政府批准前，应征求联席会议意见。未按上述规定批准设立或违反上述规定在名称中使用"交易所"字样的交易场所，工商部门不得为其办理工商登记。

四、稳妥推进清理整顿工作

各省级人民政府要立即成立领导小组，建立工作机制，根据法律、行政法规和本决定的要求，按照属地管理原则，对本地区各类交易场所，进行一次集中清理整顿，其中重点是坚决纠正违法证券期货交易活动，并采取有效措施确保投资者资金安全和社会稳定。对从事违法证券期货交易活动的交易场所，严禁以任何方式扩大业务范围，严禁新增交易品种，严禁新增投资者，并限期取消或结束交易活动；未经批准在交易场所名称中使用"交易所"字样的交易场所，应限期清理规范。清理整顿期间，不得设立新的开展标准化产品或合约交易的交易场所。各省级人民政府要尽快制定清理整顿工作方案，于2011年12月底前报国务院备案。

联席会议要切实负起责任，加强组织指导和督促检查，切实推动清理整顿工作有效、有序开展。商务部要在联席会议工作机制下，负责对大宗商品中远期交易市场清理整顿工作的监督、检查和指导，抓紧制定大宗商品交易市场管理办法，确保大宗商品中远期交易市场有序回归现货市场。联席会议各有关部门要按照职责分工，加强沟通，相互配合，相互支持，尽职尽责做好工作。金融机构不得为违法证券期货交易活动提供承销、开户、托管、资金划转、代理买卖、投资咨询、保险等服务；已提供服务的金融机构，要及时开展自查自清，做好善后工作。

国务院

二零一一年十一月十一日

附录二 《国务院办公厅关于清理整顿各类交易场所的实施意见》

国办发〔2012〕37号

各省、自治区、直辖市人民政府,国务院各部委、各直属机构:

为贯彻落实《国务院关于清理整顿各类交易场所切实防范金融风险的决定》(国发〔2011〕38号,以下称国发38号文件),进一步明确政策界限、措施和工作要求,扎实推进清理整顿各类交易场所工作,防范金融风险,维护社会稳定,经国务院同意,现提出以下意见:

为切实防范金融风险,规范本市交易场所行为,促进交易场所健康发展,根据《国务院关于清理整顿各类交易场所切实防范金融风险的决定》(国发〔2011〕38号)和《国务院办公厅关于清理整顿各类交易场所的实施意见》(国办发〔2012〕37号)等有关规定,制定本办法。

一、全面把握清理整顿范围

遵循规范有序、便利实体经济发展的原则,准确界定清理整顿范围,突出重点,增强清理整顿各类交易场所工作的针对性、有效性。本次清理整顿的范围包括从事权益类交易、大宗商品中远期交易以及其他标准化合约交易的各类交易场所,包括名称中未使用"交易所"字样的交易场所,但仅从事车辆、房地产等实物交易的交易场所除外。其中,权益类交易包括产权、股权、债权、林权、矿权、知识产权、文化艺术品权益及金融资产权益等交易;大宗商品中远期交易,是指以大宗商品的标准化合约为交易对象,采用电子化集中交易方式,允许交易者以对冲平仓方式了结交易而不以实物交收为目的或不必交割实物的标准化合约交易;其他标准化合约,包括以有价证券、利率、汇率、指数、碳排放权、排污权等为标的物的标准化合约。各类交易场所已设立的分支机构,按照属地管理原则,由各分支机构所在地省、自治区、直辖市人民政府(以下称省级人民政府)负责清理整顿。

依法经批准设立的证券、期货交易所,或经国务院金融管理部门批准设立的从事金融产品交易的交易场所不属于本次清理整顿范围。

二、准确适用清理整顿政策界限

违反下列规定之一的交易场所及其分支机构,应予以清理整顿。

(一)不得将任何权益拆分为均等份额公开发行。任何交易场所利用其服务与设施,将权益拆分为均等份额后发售给投资者,即属于"均等份额公开发行"。股份公司股份公开发行适用公司法、证券法相关规定。

(二)不得采取集中交易方式进行交易。本意见所称的"集中交易方式"包括集合竞价、连续竞价、电子撮合、匿名交易、做市商等交易方式,但协议转让、依法进行的拍卖不在此列。

(三)不得将权益按照标准化交易单位持续挂牌交易。本意见所称的"标准化交易单位"是指将股权以外的其他权益设定最小交易单位,并以最小交易单位或其整数倍进行交易。"持续挂牌交易"是指在买入后5个交易日内挂牌卖出同一交易品种或在卖出后5个交易日内挂牌买入同一交易品种。

(四)权益持有人累计不得超过200人。除法律、行政法规另有规定外,任何权益在其存续期间,无论在发行还是转让环节,其实际持有人累计不得超过200人,以信托、委托代理等方式代持的,按实际持有人数计算。

(五)不得以集中交易方式进行标准化合约交易。本意见所称的"标准化合约"包括两种情形:一种是由交易场所统一制定,除价格外其他条款固定,规定在将来某一时间和地点交割一定数量标的物的合约;另一种是由交易场所统一制定，规定买方有权在将来某一时间以特定价格买入或者卖出约定标的物的合约。

（六）未经国务院相关金融管理部门批准，不得设立从事保险、信贷、黄金等金融产品交易的交易场所，其他任何交易场所也不得从事保险、信贷、黄金等金融产品交易。

商业银行、证券公司、期货公司、保险公司、信托投资公司等金融机构不得为违反上述规定的交易场所提供承销、开户、托管、资产划转、代理买卖、投资咨询、保险等服务；已提供服务的金融机构，要按照相关金融管理部门的要求开展自查自清，并做好善后工作。

三、认真落实清理整顿工作安排

（一）排查甄别。各省级人民政府要按照国发 38 号文件和本意见要求，组织对本地区各类交易场所的交易品种、交易方式、投资者人数等是否违反规定，以及风险状况进行认真排查甄别。对违反国发 38 号文件规定的交易场所，严禁新增交易品种。

（二）整改规范。各类交易场所对自身存在问题纠正不及时、不到位的，有关省级人民政府要按照国发 38 号文件及本意见的要求，落实监管责任，对问题交易场所采取整改措施。交易规则违反国发 38 号文件规定的，不得继续交易；已暂停交易的，不得恢复交易，并依据相关政策规定修改交易规则，报本省（区、市）清理整顿工作领导小组批准。交易产品违反国发 38 号文件规定的，要取消违规交易产品并处理好善后问题；权益持有人累计超过 200 人的，要予以清理。

（三）检查验收。各省级人民政府应当组织对各类交易场所整改规范情况进行检查验收。重点核查交易场所章程、交易规则、交易品种、交易方式、投资者适当性、管理制度是否符合国发 38 号文件和本意见的规定，交易信息系统是否符合安全稳定性要求等。

（四）分类处置。各省级人民政府要对交易场所进行分类处置，该关闭的要坚决关闭，该整改的要认真整改，该规范的要切实规范。对确有必要保留的，要按照国发 38 号文件和本意见的要求履行相应审批程序。对于拒不整改、无正当理由逾期未完成整改的，或继续从事违法证券、期货交易的交易场所，各省级人民政府要依法依规坚决予以关闭或取缔。清理整顿过程中，各省级人民政府要采取有效措施确保投资者资金安全和社会稳定；对涉嫌犯罪的，要移送司法机关，依法追究有关人员的法律责任。

各省级人民政府要在清理整顿工作基本完成后，对清理整顿工作过程、政策措施、验收结果、日常监管和风险处置等情况进行全面总结，并书面报告清理整顿各类交易场所部际联席会议（以下简称联席会议）。

四、严格执行交易场所审批政策

（一）把握各类交易场所设立原则。

各省级人民政府应按照"总量控制、合理布局、审慎审批"的原则，统筹规划各类交易场所的数量规模和区域分布，制定交易场所品种结构规划和审查标准，审慎批准设立交易场所，使交易场所的设立与监管能力及实体经济发展水平相协调。

（二）严格规范交易场所设立审批。

1. 凡新设交易所的，除经国务院或国务院金融管理部门批准的以外，必须报省级人民政府批准；省级人民政府批准前，应取得联席会议的书面反馈意见。

2. 清理整顿前已设立运营的交易所，应当按照下列情形分别处理：

一是省级人民政府批准设立的交易所，确有必要保留，且未违反国发38号文件和本意见规定的，应经省级人民政府确认；违反国发38号文件和本意见规定的，应予清理整顿并经省级人民政府组织检查验收，验收通过后方可继续运营。各省级人民政府应当将上述两类交易所名单分别报联席会议备案。

二是未经省级人民政府批准设立的交易所，清理整顿并验收通过后，拟继续保留的，应按照新设交易场所的要求履行相关审批程序。省级人民政府批准前，应取得联席会议的书面反馈意见。

三是历史形成的从事车辆、房地产等实物交易的交易所，未从事违反国发38号文件和本意见规定，名称中拟继续使用"交易所"字样的，由省级人民政府根据实际情况处理,并将交易所名单报联席会议备案。

3. 从事权益类交易、大宗商品中远期交易以及其他标准化合约交易的交易场所,原则上不得设立分支机构开展经营活动。确有必要设立的,应当分别经该交易场所所在地省级人民政府及拟设分支机构所在地省级人民政府批准,并按照属地监管原则,由相应省级人民政府负责监管。凡未经省级人民政府批准已设立运营的经营性分支机构,要按照上述要求履行审批程序。违反上述规定的,各地工商行政管理部门不得为分支机构办理工商登记,并按照工商管理相关规定进行处理。

名称中未使用"交易所"字样的各类交易场所的监管办法,由各省级人民政府制定。

五、切实贯彻清理整顿工作要求

(一)统一政策标准。各省级人民政府在开展清理整顿工作中,要严格按照国务院、联席会议及有关部门的要求,统一政策标准,准确把握政策界限。实际执行中遇到疑难问题或对相关政策把握不准的,要及时上报联席会议。

(二)防范化解风险。各省级人民政府在清理整顿工作中,要制定完善风险处置预案,认真排查矛盾纠纷和风险隐患,及时掌握市场动向,做好信访投诉受理和处置工作。要加强与司法机关的协调配合,严肃查处挪用客户资金、诈骗等涉嫌违法犯罪行为,妥善处置突发事件,维护投资者合法权益,防范和化解金融风险,维护社会稳定。

(三)落实监管责任。各省级人民政府要制定本地区各类交易场所监管制度,明确各类交易场所监管机构和职能,加强日常监管,建立长效机制,持续做好各类交易场所统计监测、违规处理、风险处置等工作。相关省级人民政府要加强沟通配合和信息共享。联席会议成员单位和国务院相关部门要做好监督检查和指导工作。

国务院办公厅

2012年7月12日

附录三 《关于规范证券公司参与区域性股权交易市场的指导意见（试行）》

中国证券监督管理委员会公告

〔2012〕20 号

为落实 2012 年全国金融工作会议精神，推动区域性股权交易市场健康发展，引导证券公司规范参与区域性股权交易市场的相关业务，更好地为企业特别是中小微企业提供股权交易和融资服务，繁荣地方实体经济，防范金融风险，维护市场秩序和社会稳定，根据有关法律法规和《国务院关于清理整顿各类交易场所　切实防范金融风险的决定》（国发〔2011〕38 号）、《国务院办公厅关于清理整顿各类交易场所的实施意见》（国办发〔2012〕37 号），我会在进行深入调研并广泛征求各方意见的基础上，制定了《关于规范证券公司参与区域性股权交易市场的指导意见（试行）》，现予公布，并自公布之日起施行。

中国证监会

2012 年 8 月 23 日

关于规范证券公司参与区域性股权交易市场的指导意见（试行）

区域性股权交易市场（以下简称区域性市场）是多层次资本市场的重要组成部分，对于促进企业特别是中小微企业股权交易和融资，鼓励科技创新和激活民间资本，加强对实体经济薄弱环节的支持，具有不可替代的作用。为落实 2012 年全国金融工作会议精神，规范证券公司参与区域性市场，促进区域性市场健康发展，防范和化解金融风险，维护市场秩序和社会稳定，根据有关法律法规和《国务院关于清理整顿各类交易场所切实防范金融风险的决定》（国发〔2011〕38 号，以下简称 38 号文）、《国务院办公厅关于清理整顿各类交易场所的实施意见》（国办发〔2012〕37 号，以下简称 37 号文），中国证监会在深入调研、广泛征求意见的基础上，制定本指导意见。

一、区域性市场按照 38 号文和 37 号文完成清理整顿后，具备条件的证券公司可以参与区域性市场相关业务。

二、证券公司参与的区域性市场应当符合下列条件：

（一）区域性市场经所在地省级人民政府批准设立。使用"交易所"字样的区域性市场，省级人民政府批准前已征求联席会议意见。

（二）区域性市场是为市场所在地省级行政区域内的企业特别是中小微企业提供股权、债券的转让和融资服务的私募市场，接受省级人民政府监管。

区域性市场原则上不得跨区域设立营业性分支机构，不得接受跨区域公司挂牌。确有必要跨区域开展业务的，应当按照 37 号文要求分别经区域性市场所在地省级人民政府及拟跨区域的省级人民政府批准，并由市场所在地省级人民政府负责监管。

（三）区域性市场日常管理规范，已经建立健全的管理制度和业务规则，并已通过区域性市场经营场所和网站公示。区域性市场已经采取有效的投资者合法权益保护和风险管理措施，建立了风险防控和应急处理机制，发现风险隐患后能够及时处理并报告省级人民政府。

（四）区域性市场已经建立规范的会员管理制度，明确会员的权利和义务，要求会员严格遵守市场规则，公示会员名单和相关资料，建立诚信档案，并采取有效措施防范会员损害投资者合法权益。

（五）区域性市场已经建立投资者适当性管理制度，要求参与区域性市场的投资者为具备一定风险承受能力的合格投资者，明确合格的机构投资者和个人投资者的标准并予以公示。

区域性市场会员为投资者开立账户时，应当了解投资者的基本情况和风险承受能力，确定投资者满足适当性管理要求，向投资者充分揭示风险，要求投资者签署风险揭示书。区域性市场会员应对投资者基本信息和账户信息予以保密。

区域性市场合格机构投资者可以是具备一定条件的法人、私募股权投资基金、合伙企业，或经监管部门许可或备案的、金融机构面向特定投资者发行的理财产品。有关法律法规或监管部门对机构投资者投资区域性市场有限制性规定的，应当遵照其规定。

区域性市场合格个人投资者应当具备较强的风险承受能力，接受区域性市场会员的风险测评，并承诺自担投资风险。

（六）区域性市场对申请挂牌的公司规定了必要的条件并予以公示，要求申请挂牌的公司应当业务独立，治理结构健全，运作规范；公司股东（大）会依照公司章程做出申请挂牌的决议，并承诺履行相关信息披露义务。

（七）区域性市场为投资者提供网上或柜台报价、转让等服务时应当遵守38号文、37号文的规定，并定期在其营业场所或以其他形式公布成交信息。区域性市场已经采取有效措施严格控制价格操纵行为。

区域性市场探索其他交易方式的，应当符合38号文、37号文及相关配套政策规定，并能有效控制风险。

（八）区域性市场已经明确登记结算规则、方式和程序并予以公示。登记结算事宜由区域性市场依据市场管理办法规定程序认可的机构负责。负责登记结算的机构应当诚实守信，具备相应的专业能力，建立健全风险管理制度，保证权益持有人名册和登记过户记录真实、准确、完整，不得隐匿、伪造、篡改或毁损。

（九）区域性市场已经建立健全的信息披露制度，明确各参与主体的信息披露要求，并指定适当的信息披露途径，提高信息披露质量。

区域性市场应当要求挂牌公司作为信息披露的第一责任人，及时、规范地履行信息披露义务。披露信息包括定期信息和临时信息。定期信息应包括年度报告和半年度报告，其中年度财务报告需经会计师事务所审计；临时信息包括对挂牌公司有重大影响的信息。挂牌公司的董事、监事、高级管理人员应当承诺保证披露信息内容真实、准确、充分、完整。

区域性市场应当要求挂牌公司推荐机构、会计师事务所、律师事务所、评估事务所等中介机构及其业务人员勤勉尽责，严格遵守执业规范和职业道德，独立进行核查和判断，出具专业意见，切实履行中介机构职责。

三、证券公司参与区域性市场前，应当按上述条件对区域性市场进行评估，并形成评估报告。

证券公司参与区域性市场的方式，由证券公司与区域性市场协商确定。证券公司以股权方式参与区域性市场的，应当按规定扣减净资本。证券公司成为区域性市场会员的，可以开展挂牌公司推荐、挂牌公司股权代理买卖服务，并为区域性市场挂牌公司提供股权转让、定向股权融资、债券融资、投资咨询及其他有关服务。证券公司开展相关业务应建立风险隔离制度，并按规定充分计提风险资本准备。

四、在区域性市场挂牌且符合相应条件的公司申请公开发行证券及到其他依法设立的证券交易场所转让交易的，证券公司可以依法为其提供服务。有关申请公开发行及到其他依法设立的证券交易场所转让交易的条件、程序，按照法律法规和中国证监会的有关规定办理。具体转板制度由中国证监会制定。

五、证券公司参与区域性市场应符合中国证监会的相关监管规定，并在中国证券业协会备案。

中国证监会及其派出机构依据38号文、37号文及相关配套政策、本指导意见、转板制度为区域性市场提供业务指导和服务。

中国证券业协会应当制定自律规则，对参与区域性市场的证券公司进行自律管理，并督促参与区域性市场的证券公司建立必要的推荐挂牌、尽职调查、信息披露、投资者适当性管理等业务制度和相应的合规风控制度，依法合规地开展相关业务。

六、本指导意见自公布之日起施行。

参考资料

前海股权交易中心 http：//www.qhee.com
北京股权交易中心 http：//www.bjotc.cn
厦门两岸股权交易中心 http：//www.xmee.com
上海股权托管交易中心 http：//www.china-see.com
江苏股权交易中心 http：//www.jseec.com.cn
广州股权交易中心 http：//www.china-gee.com
《2014全国区域性股权交易市场发展报告》
《全国区域股权交易市场情况汇总》（2015年7月）
《阿里巴巴的大赢家：孙正义》
《徐小平聚美优品之战：18万变3亿　至今8.8%股份未退出》
《谁将是下一个聚美优品？盘点徐小平的那些投资》
《世界上最神奇的一笔投资：大卫·切瑞顿如何投资谷歌》
《大卫·切瑞顿：全球最富有教授》
《蔡文胜：投资失败100个项目后，美图秀秀还在》